Laura Carolina Oliveira Nobrega
Alvanir de Oliveira

Máquinas de Costura

Tipos, Preparo e Manuseio

1ª Edição

Dados Internacionais de Catalogação na Publicação (CIP)
Angélica Ilacqua CRB-8/7057

Nobrega, Laura Carolina Oliveira
    Máquinas de costura : tipos, preparo e manuseio / Laura Carolina Oliveira Nobrega, Alvanir de Oliveira.
-- São Paulo : Érica, 2015
    128 p.

Bibliografia
ISBN 978-85-365-1475-8

1. Costura 2. Máquinas de costura 3. Roupas - Confecção - Moldes.

I. Título II. Alvanir de Oliveira

15-0633

CDD 646.4
CDU 646.4

Índices para catálogo sistemático:
1. Costura - Confecção

Copyright © 2015 da Editora Érica Ltda.

Coordenação Editorial:	Rosana Arruda da Silva
Capa:	Laudemir Marinho dos Santos
Revisão de Texto:	Clara Diament
Edição de Texto:	Beatriz M. Carneiro, Paula Craveiro, Raquel F. Abranches, Silvia Campos
Produção Editorial:	Dalete Oliveira, Graziele Liborni, Laudemir Marinho dos Santos, Lívia Vilela, Rosana Aparecida Alves dos Santos
Produção Digital:	Maurício S. de França
Editoração:	Ione Franco

As Autoras e a Editora acreditam que todas as informações aqui apresentadas estão corretas e podem ser utilizadas para qualquer fim legal. Entretanto, não existe qualquer garantia, explícita ou implícita, de que o uso de tais informações conduzirá sempre ao resultado desejado. Os nomes de sites e empresas, porventura mencionados, foram utilizados apenas para ilustrar os exemplos, não tendo vínculo nenhum com o livro, não garantindo a sua existência nem divulgação. Eventuais erratas estarão disponíveis para download no site da Editora Érica.

Conteúdo adaptado ao Novo Acordo Ortográfico da Língua Portuguesa, em execução desde 1º de janeiro de 2009.

A ilustração de capa e algumas imagens de miolo foram retiradas de <www.shutterstock.com>, empresa com a qual se mantém contrato ativo na data de publicação do livro. Outras foram obtidas da Coleção MasterClips/MasterPhotos© da IMSI, 100 Rowland Way, 3rd floor Novato, CA 94945, USA, e do CorelDRAW X5 e X6, Corel Gallery e Corel Corporation Samples. Copyright© 2013 Editora Érica, Corel Corporation e seus licenciadores. Todos os direitos reservados.

Todos os esforços foram feitos para creditar devidamente os detentores dos direitos das imagens utilizadas neste livro. Eventuais omissões de crédito e copyright não são intencionais e serão devidamente solucionadas nas próximas edições, bastando que seus proprietários contatem os editores.

Seu cadastro é muito importante para nós

Ao preencher e remeter a ficha de cadastro constante no site da Editora Érica, você passará a receber informações sobre nossos lançamentos em sua área de preferência.

Conhecendo melhor os leitores e suas preferências, vamos produzir títulos que atendam suas necessidades.

Editora Érica Ltda. | Uma Empresa do Grupo Saraiva
Rua Henrique Schaumann, 270
Pinheiros - São Paulo - SP - CEP: 05413-010
Fone: (11) 3613-3000
www.editoraerica.com.br

Agradecimentos

Agradecemos em primeiro lugar a todos os que nos concederam a oportunidade da transmissão do conhecimento prático através dos livros.

Aos amigos, familiares, alunos e professores que ocuparam um grande e valioso período em nossas vidas. Sem vocês, a construção desta obra não seria possível.

Sobre as autoras

Laura Carolina Oliveira Nobrega é filha de uma modelista muito talentosa e com quem aprendeu as primeiras técnicas de costura. Foi influenciada pelo meio em que vivia e não teve dúvidas na hora de decidir por sua vocação profissional.

Mestre em Têxtil e Moda e Graduada em Design de Moda, atualmente é professora do Senac São Paulo e leciona e acompanha o desenvolvimento dos alunos do curso de Moda, dando aulas, aplicando atividades e orientando passo a passo seus projetos educacionais.

Atualmente escreve outros dois livros voltados para a área. Apaixonada pela carreira acadêmica, considera-se uma voluntária e contribuinte fiel na transmissão do conhecimento.

Alvanir de Oliveira é proprietária de um ateliê de modelagem e confecção de roupas cuja especialidade é a "linha festa". Começou a realizar suas primeiras criações aos 14 anos. Autodidata e com enorme facilidade e rapidez para aprendizagem, desenvolveu sua própria técnica de modelagem, o que lhe permitiu em um primeiro momento confeccionar as peças de roupas das suas bonecas e também das bonecas de suas irmãs e amigas, podendo um pouco mais tarde, já adulta, produzir roupas para si mesma, além de atender em seu próprio ateliê e confecção.

A fim de se especializar na técnica e se aprofundar na modelagem industrial, resolveu se inscrever em um curso de Modelagem Industrial oferecido pela Instituição Senai CETIQT. Ali, pôde se aperfeiçoar mais ainda, discutir novas técnicas e aprimorar um pouco mais seu trabalho.

Atualmente, segue com seu ateliê, onde desenvolve peças sob medida, figurinos artísticos, além de também prestar consultoria a empresas e grupos.

Sumário

Apresentação

Quando nos interessamos pela arte da costura desejamos saber o que esse mundo misterioso, feito uma caixinha de surpresa, tem para nos oferecer.

Durante muito tempo, desde a pré-história, podemos observar o interesse do homem em começar a se vestir, num primeiro momento para se proteger do frio, dando também importância indireta à pele da caça. Sabendo que ele se vestia, paramos para pensar: como ele prendia suas roupas? Elas eram costuradas?

Alguns historiadores relatam que determinados povoados antigos utilizavam pequenos ossos e dentes de animais no lugar das agulhas, para que conseguissem unir uma peça a outra. A partir dessa atitude podemos considerar que a arte da costura começava, mesmo que primitivamente.

Após esses povos antigos, durante a Idade Média observamos que o homem inventou uma solução muito eficaz para a fiação, a roda de fiar, conhecida também como roca.

Em meados de 1350, a Europa já produzia algumas máquinas de fiar, que, apesar de ainda muito rústicas, já representavam um avanço no processo de fabricação de peças do vestuário.

Ao chegarmos às máquinas de costura atuais podemos observar que as opções disponíveis para a confecção de peças de tecido são muito vastas. Dispomos de diferentes tipos, e cada uma tem suas funções singulares.

O Capítulo 1 visa apresentar o funcionamento do processo de modelagem, etapa que antecede a costura. Serão vistas as funções das técnicas de modelagem, os tipos de moldes e suas divisões.

No Capítulo 2 será possível observar a evolução tecnológica da costura, o começo do uso dessa técnica, o aperfeiçoamento da técnica junto ao surgimento de novas invenções e o surgimento e uso dos tecidos tecnológicos.

O Capítulo 3 tem como objetivo a compreensão da tecnologia da confecção. Serão estudadas as normalizações existentes na indústria têxtil e de confecção, os tipos de confecção de peças e as diferenças encontradas na comercialização dessas peças, no formato do atacado e no formato do varejo.

Classificação das máquinas de costura é o assunto que será tratado no Capítulo 4. São citadas as etapas da costura industrial; formação, classificação e diferenças encontradas nos pontos de costura e identificação na nomenclatura e funções de diferentes tipos de máquinas de costura.

No Capítulo 5 será possível analisar os tipos de base e aplicações de acessórios utilizados na indústria têxtil e de confecção, através do traçado do panorama da análise e interpretação da ficha técnica, escolha de diferentes peças e acessórios compositores do mercado têxtil e de confecção, como preparação e acabamento de peças do vestuário.

No decorrer deste livro o leitor conseguirá observar, através de cada um dos capítulos, a especificação de cada tipo de máquina de costura, por meio da análise de diferentes modelos e funções. Poderá entender seu funcionamento, a utilização em diversos tipos de tecidos e a finalidade para determinados tipos de costura.

As autoras

1

Modelagem em Escala Industrial

Para começar

Este primeiro capítulo tem como objetivo apresentar ao leitor como funciona o processo de modelagem, técnica que antecede o processo de costura.

Será possível analisar as funções das técnicas de modelagem, tipos de moldes e suas divisões, através de modelos, interpretações de moldes e explicações.

1.1 Processo de modelagem

Para que seja possível estabelecer diferentes interpretações de modelagens, vamos dividi-las em três grandes grupos. Esses grupos servem para denominar as construções de moldes. Esses moldes podem ser básicos, moldes de trabalho ou moldes de interpretação.

1.1.1 Modelagem através dos moldes básicos

Os moldes básicos consistem em uma base de molde traçada em tamanho médio, obtida por intermédio dos fabricantes e fornecedores de peças do vestuário ou a partir de pesquisas dedicadas à criação de um tamanho-padrão de molde.

Para que seja possível criar esse tipo de molde, o modelista normalmente usa um molde como base para modelagem de uma peça específica, que já tenha sido criada e desenhada, apresentada através de um croqui. Por mais que essa peça apresente através do desenho diferentes detalhes, como pregas ou drapeados, a modelagem inicial será dada por meio de uma peça de molde básico.

Tendo o molde pronto, é a hora de se criar uma peça de algodão, cortada mediante as medidas e padrões estabelecidos por esse molde. Com a peça de algodão é possível conferir as proporções e formas desejadas. Quando a peça de algodão indica que as medidas foram seguidas e que a peça está apta para a produção, é feita uma nova produção para teste, agora no tecido escolhido para a peça. Esta é intitulada peça-piloto.

A construção de um molde básico consiste na pluralidade de sua utilização. Vai desde peças básicas até o começo da construção de uma peça mais elaborada. Após a peça passar pelo processo de modelagem no molde básico, é a vez do traçado.

Para ter sucesso na utilização do molde básico e maior eficácia, é de extrema importância que este seja escolhido de acordo com o modelo desejado. Essa atitude serve para economizar o tempo dedicado à adaptação do molde e consegue influenciar no resultado final de uma peça. Por exemplo, o molde básico feminino ajustado utiliza pences largas para produzir a forma do busto. Porém, como esse modelo seria marcado demais para algumas peças com folga, o molde básico com folga será a base mais adequada.

Os moldes básicos são usados normalmente no processo de confecção industrial, facilitando o trabalho do departamento de modelagem, uma vez que este se utiliza da tabela-padrão de medidas específicas, baseadas e direcionada ao público-alvo de cada empresa. Com o molde básico pronto não há a necessidade de se repetir o traçado inicial de cada molde, economizando tempo e gerando lucro para a empresa.

1.1.2 Modelagem por intermédio dos moldes de trabalho

Essa etapa da modelagem consiste no momento que sucede a obtenção da caixa de molde. Os moldes de trabalho servem para ajustar ou alterar diferentes peças, de acordo com o modelo que esteja sendo trabalhado. É considerada uma espécie de rascunho para definir o molde que foi interpretado.

Os moldes de trabalho podem ser aplicados baseando-se em diferentes métodos, servindo para alterar o molde original ou acomodar medidas diferentes das medidas originais.

Esse método permite ajustar diferenças irregulares de medidas. O molde só será aumentado ou alterado nas quantidades e partes necessárias, dependendo do tamanho para o qual ele deverá ser adaptado. Por exemplo: pode-se aumentar 2 cm no quadril, e, não havendo necessidade de alteração, deixar as medidas do ombro intactas.

O trabalho que é feito nesse tipo de modelagem serve para adaptar a peça de acordo com o caimento desejado. Serve para fazer alterações específicas, como adaptar o caimento de uma peça à curvatura das costas ou a queda de um ombro, por exemplo.

As técnicas tradicionais de modelagem e costura se utilizam da metade da frente e metade das costas de uma peça; cada uma dessas partes representa ¼ do corpo humano. As outras medidas, como: quadril, cintura, busto, entre outras, são divididas em quatro partes. Em casos específicos, essas medidas podem ter uma única parte ou ser divididas em duas ou oito partes. Antes de confeccionar o molde, todas as medidas devem ser devidamente aplicadas.

Exemplo: alterações em molde de vestido simples

Tendo o molde em mãos, o modelista montou uma tabela com as medidas do molde original. Ele usou as medidas de busto, cintura, quadril, costas, comprimento do corpo (a distância entre a lateral do pescoço e a cintura) e o comprimento total da peça. Em seguida, listou as medidas para que deseja alterar no molde.

Na tabela a seguir, todas as medidas aparecem em centímetros:

Tabela 1.1 – Tabela de medidas originais em centímetros

	Original	Alteração
Busto	80	92
Cintura	66	74
Quadril	96	98
Costas	36	37
Comprimento do corpo	41	46
Comprimento total	95	100

Após isso, ele continuou a tabela inserindo a diferença entre essas medidas. Colocou um sinal "+" caso a medida aumente e um sinal "-" caso a medida diminua. Em seguida, efetuou as divisões necessárias.

» Dividiu busto, cintura e quadril por 4.

» Dividiu o busto também em 8 partes identificadoras da pence.

» Dividiu as costas em 2 partes para aumentar as costas e em 6 partes para aumentar a largura do decote.

» O comprimento do corpo, mesmo não sendo dividido no molde, teve a distribuição da diferença da parte de cima e da parte de baixo, sendo dividido por 2.

» O comprimento total não foi dividido.

A Tabela 1.2 apresenta as medidas com alterações.

Tabela 1.2 – Tabela de medidas alterada

	Original	Alteração	Diferença	Divisão
Busto	80	92	12	/4 = +3; /8 = +1,5
Cintura	66	74	8	/4 = +2
Quadril	96	98	2	/4 = +0,5
Costas	36	37	1	/2 = +0,5; /6 = +0,16
Comprimento do corpo	41	46	5	/2 = +2,5
Comprimento total	95	100	5	

Tendo a tabela pronta, é possível começar a alterar o molde.

Uma maneira simples de executar essa função é pegar um pedaço de papel um pouco maior que o molde a ser alterado e posicionar o molde sobre o papel, com o centro da frente/costas em uma das beiradas laterais do papel. Fixá-lo com a ajuda de fita adesiva ou alfinetes.

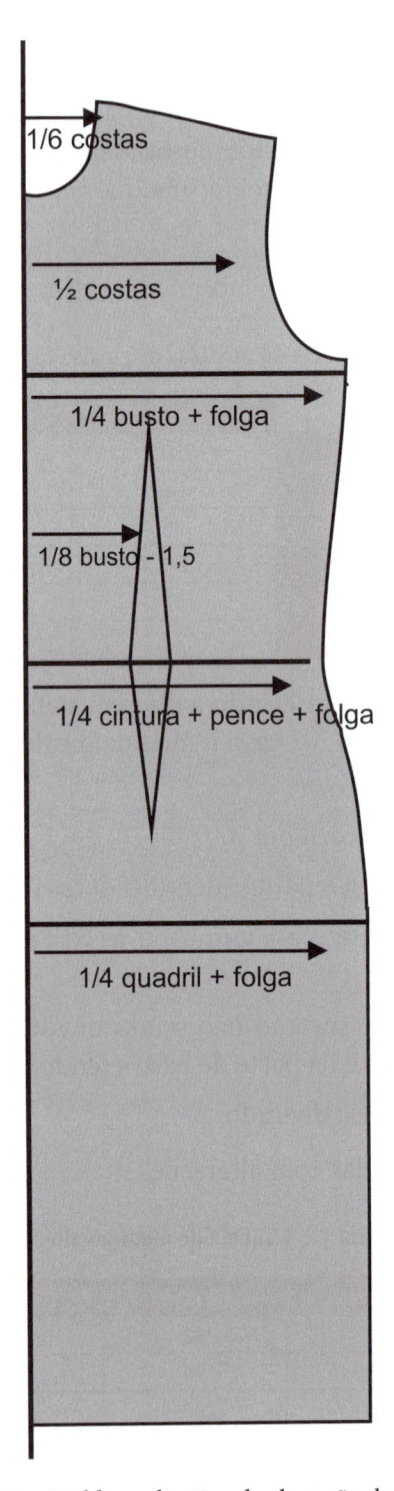

Figura 1.1 – Molde explicativo de alteração de medidas.

As alterações podem ser iniciadas através das larguras. A diferença entre a medida do busto do molde e a medida de busto da pessoa que vai vestir essa peça, para quem será feita essa alteração, por exemplo, é de 12 cm (92 cm – 80 cm = 12 cm). Como a medida de busto no molde está dividida em 4 partes, a diferença é dividida da mesma maneira (12 cm/4 cm = 3 cm). Aumenta-se sobre a linha do busto, a partir da lateral do molde, 3 cm.

Na Figura 1.2, é possível prolongar a linha de busto a partir da lateral do vestido. Deve ser medida, a partir da lateral, a medida obtida. Nesse caso, 3 cm.

Um pequeno traço vertical, que mediu 3 cm, deve ser marcado. Em seguida, deve ser repetido o mesmo procedimento para a medida da cintura. A divisão se repete (74 cm – 66 cm = 8 cm. Depois 8 cm/4 cm = 2 cm).

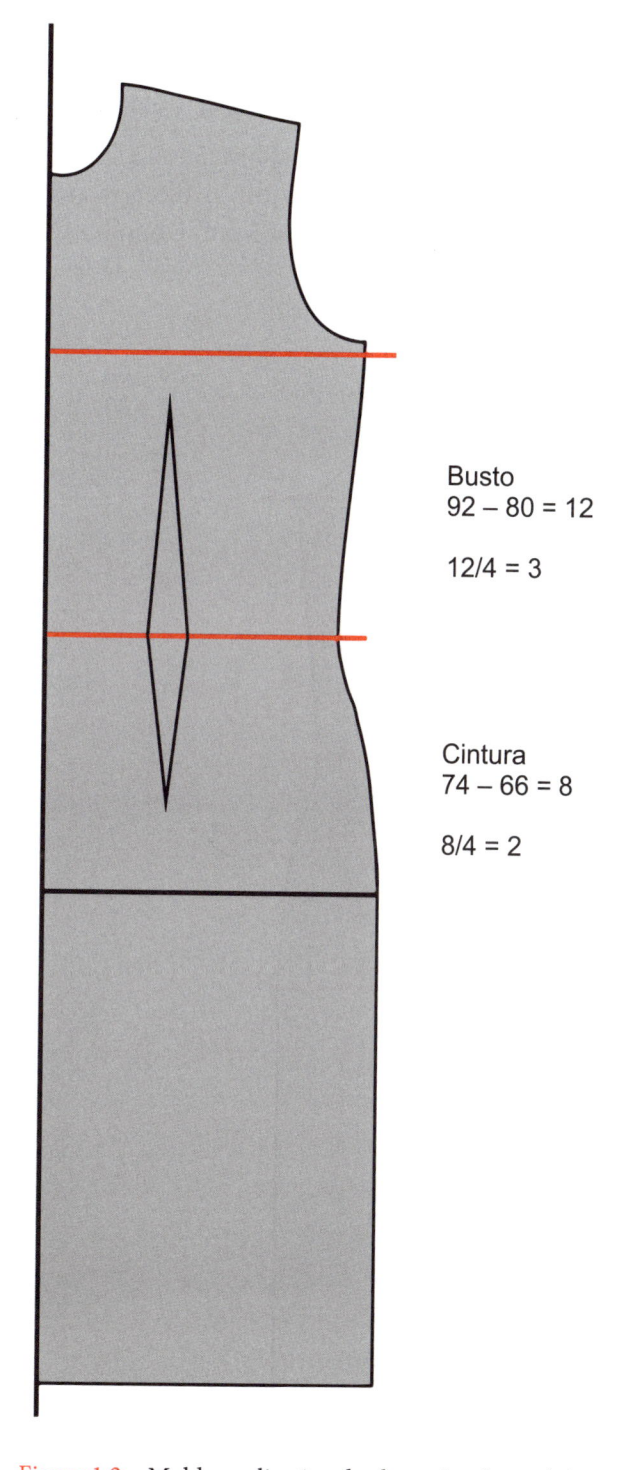

Busto
92 – 80 = 12

12/4 = 3

Cintura
74 – 66 = 8

8/4 = 2

Figura 1.2 – Molde explicativo de alterações de medidas.

O mesmo deverá ser repetido para o quadril, também dividindo por 4 (98 cm – 96 cm = 2 cm. Depois 2 cm/4 cm = 0,5 cm). Nesse caso, a diferença é bem menor, mas não deve ser esquecida. No caso de a diferença ser negativa, quando a medida do molde é maior do que a que se deseja alterar, a marcação vai em direção ao centro do molde para dentro e não para fora.

Depois da alteração do quadril é a hora de alterar a pence, que será deslocada dividindo a diferença do busto por 8, pois é a medida que se usa para localizar o ponto 0 (ápice do busto = busto dividido por 8, menos 1,5 cm) (92 cm – 80 cm = 12 cm. Depois 12 cm/8 cm = 1,5 cm). É necessário transferir a pence inteira para a lateral. Depois de o novo contorno ser desenhado, é necessário passar a carretilha sobre a pence para que o traçado seja transferido para o papel de baixo.

A próxima alteração é feita nas costas, onde a alteração é aplicada em dois pontos: na metade da altura da cava e na ponta do ombro. É preciso dividir as diferenças das costas por 2 e marcar da mesma forma que as outras medidas (37 cm – 36 cm = 1 cm. Depois 1 cm/2 cm = 0,5 cm).

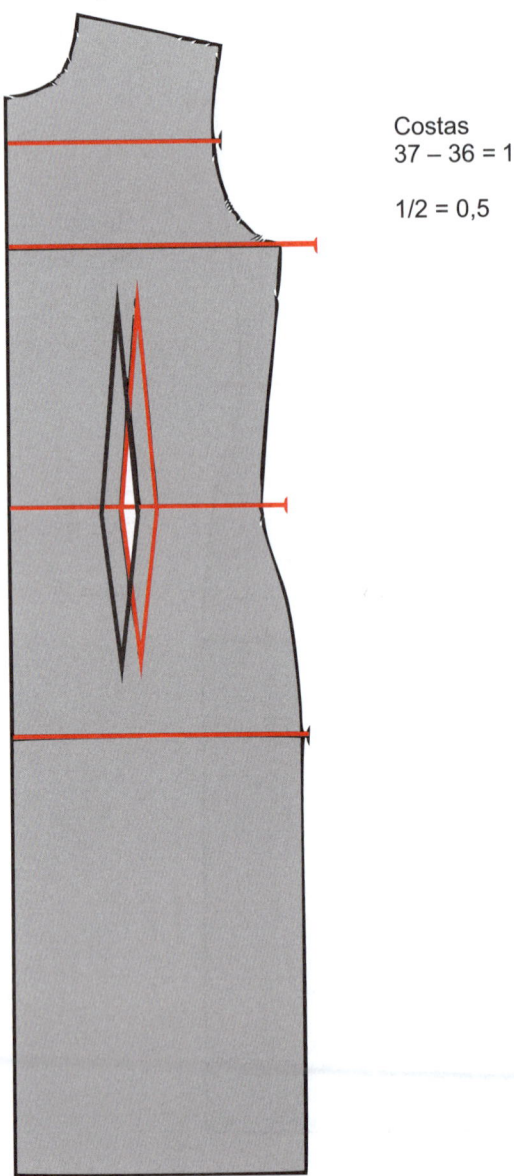

Costas
37 – 36 = 1

1/2 = 0,5

Figura 1.3 – Alteração na metade da altura da cava.

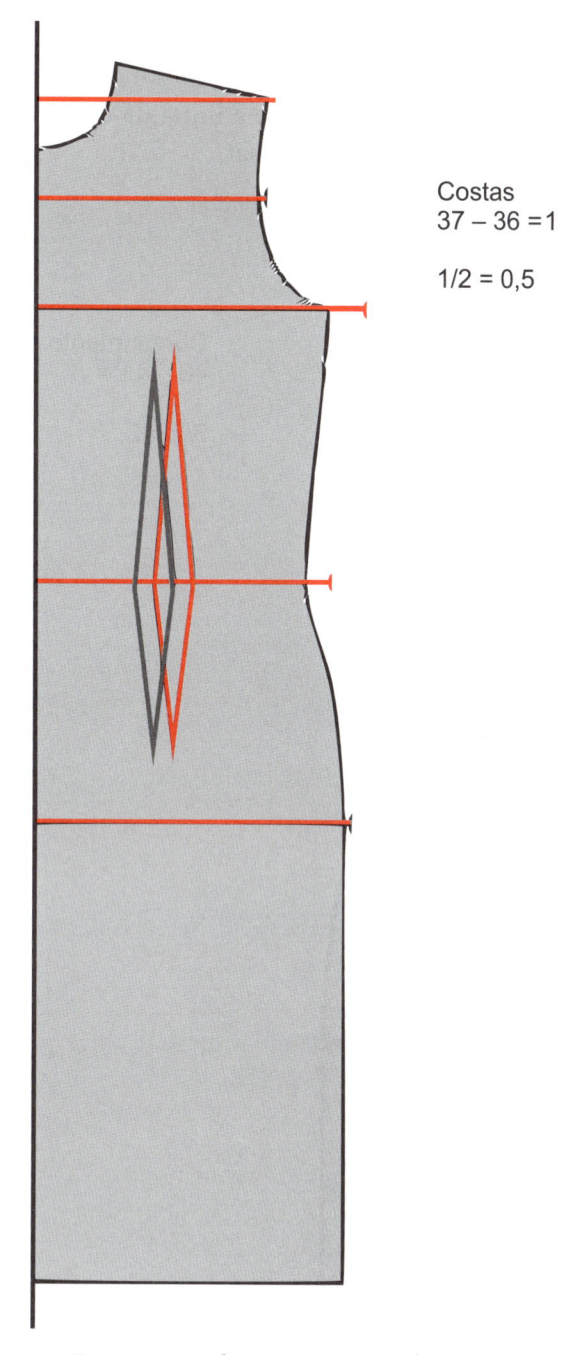

Costas
37 − 36 = 1

1/2 = 0,5

Figura 1.4 – Alteração na ponta do ombro.

O próximo passo se dá na alteração do comprimento do corpo. É a parte que mais exige atenção. A medida do comprimento do corpo é apresentada inteira no molde, mas nesse caso será distribuída entre a parte de cima e a parte de baixo para não haver distorção. Isso aumenta o molde tanto na região da cava quanto na da cintura, para a diferença ficar proporcional.

A medida exemplo do molde de corpo existente é 41, e a que se deseja alterar é 46, logo, a diferença é de 5 cm. Dividindo por 2, temos 2,5 cm de diferença para cima e 2,5 cm para baixo. A diferença da parte de cima no centro do decote e nas duas pontas do ombro é aplicada. Na parte de baixo, na linha da cintura do molde, desce-se a linha toda em 2,5 cm.

A diferença é realizada na linha da cintura e não na linha da barra do vestido, porque a medida de comprimento do corpo se refere à distância entre o ombro e a cintura apenas. O comprimento do vestido a ser alterado será corrigido depois. Desce-se a linha da cintura, a linha do quadril e a linha da barra do vestido da mesma maneira, para compensar.

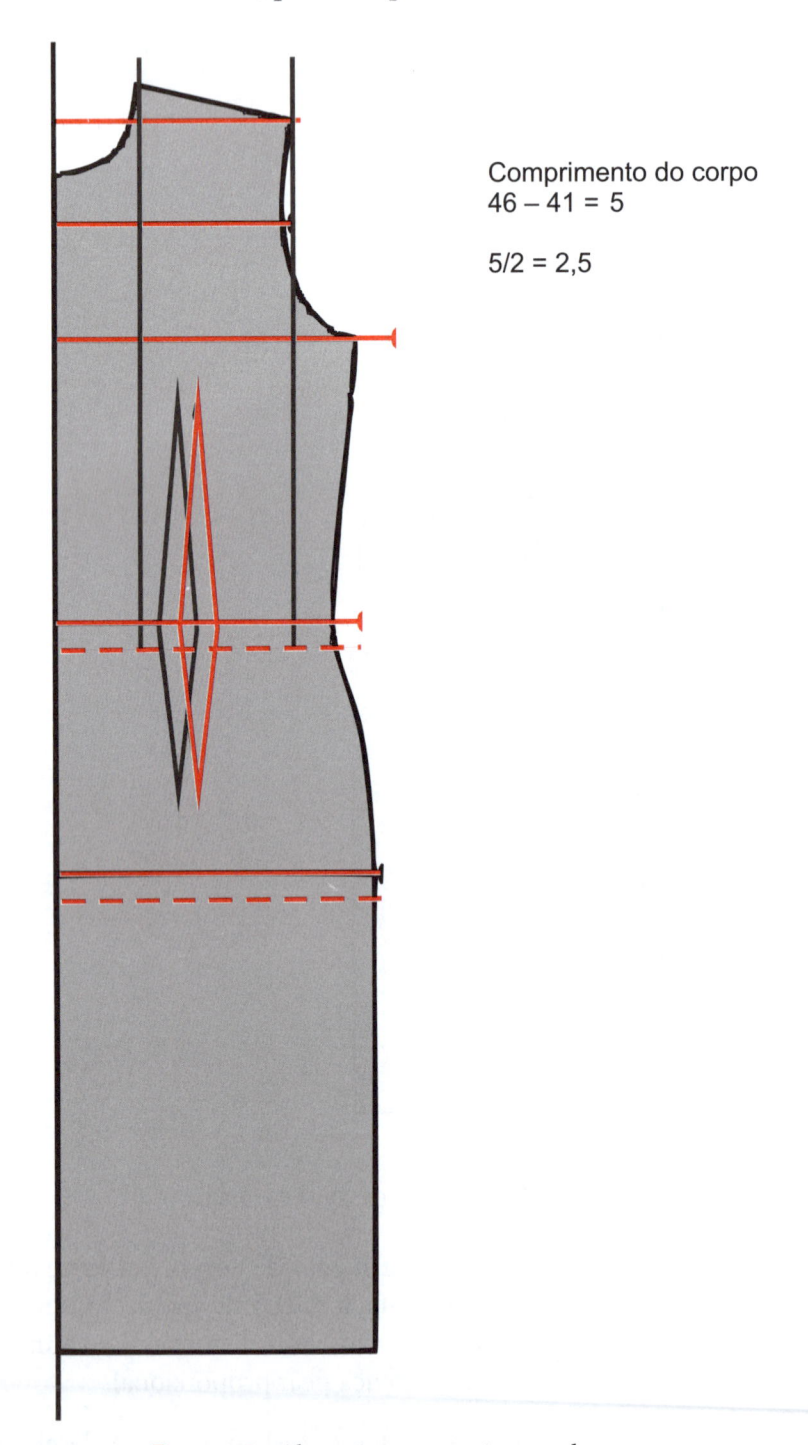

Comprimento do corpo
46 − 41 = 5

5/2 = 2,5

Figura 1.5 – Alteração no comprimento do corpo.

Em seguida, é alterada a largura do decote aplicando a diferença das costas dividida por 6 (proporção usada na modelagem). A alteração é feita nas pontas interna e externa do ombro, sobre a altura nova (identificada pelo T deitado na imagem).

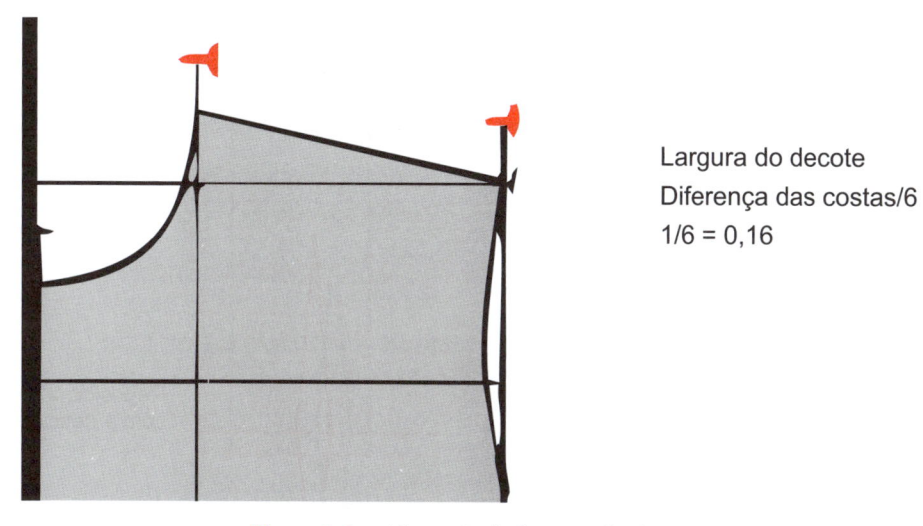

Largura do decote
Diferença das costas/6
1/6 = 0,16

Figura 1.6 – Alteração da largura do decote.

A próxima e última alteração na frente do vestido é o comprimento total, que é alterado da seguinte maneira:

» O comprimento total do molde é diminuído pela medida a que se quer chegar (95 cm – 100 cm = –5 cm).

» Diminui-se o comprimento do corpo do molde pelo da medida a que se quer chegar (41 cm – 46 cm = –5 cm).

» Em seguida, calcula-se o primeiro resultado menos o segundo. Essa é a medida que se deve adicionar (ou subtrair, no caso de medida negativa) ao comprimento do vestido (–5 cm – (–5 cm) = 0 cm).

No caso do exemplo, a diferença entre o comprimento do corpo original e o da alteração é de 5 cm, mas a diferença do comprimento total também é 5, então nenhuma alteração será feita no comprimento.

Agora os pontos deverão ser ligados, e um novo contorno de molde deverá ser traçado. Na hora de traçar a pence, é essencial deslocá-la para baixo junto com a nova linha da cintura. A medida dos ombros também deverá ser conferida. O ombro muda de acordo com a medida das costas, mas como nem todos os corpos são simétricos e não possuem a mesma proporção, o ombro deve ser medido separadamente para garantir futuras alterações.

Para alterar o molde das costas é necessário seguir o mesmo processo.

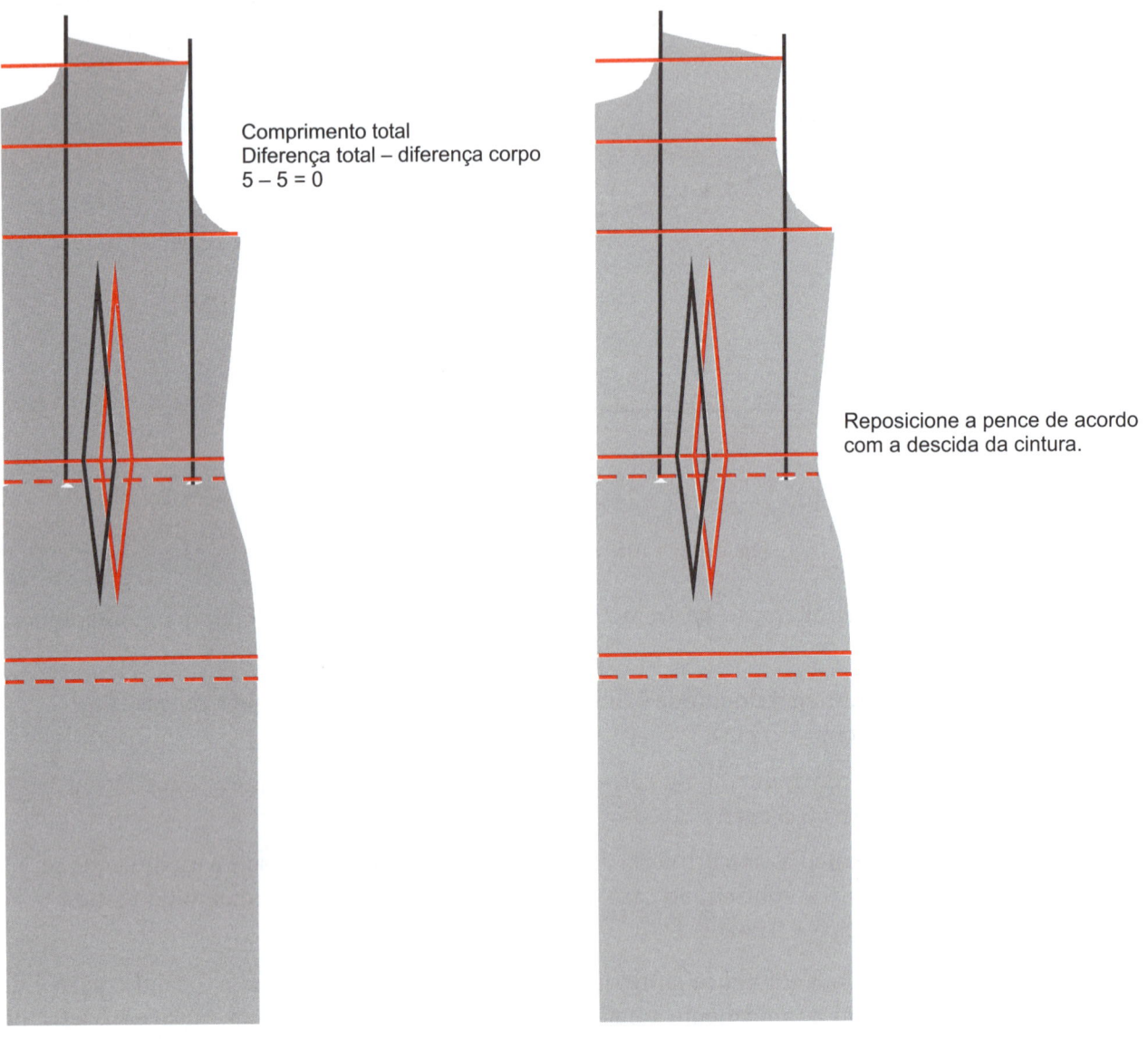

Comprimento total
Diferença total – diferença corpo
5 – 5 = 0

Reposicione a pence de acordo com a descida da cintura.

Figura 1.7 – Alteração final.

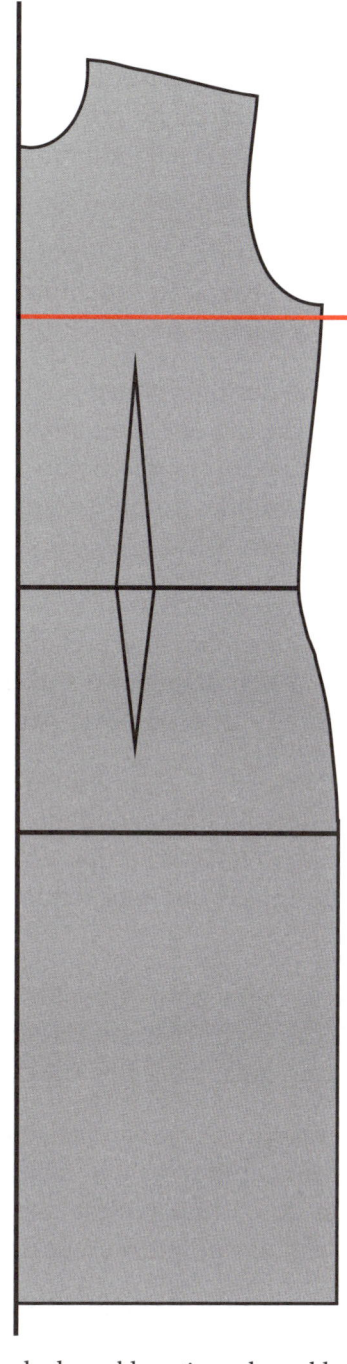

Figura 1.8 – Traçado do molde antigo e do molde novo sobrepostos.

Os moldes de trabalho ou de alteração são feitos a partir da cópia dos moldes básicos. As etapas de alterações a serem realizadas sobre eles variam em quantidade e tipos de aplicação de técnicas específicas, de acordo com o modelo desejado.

1.1.3 Moldes interpretados

Os moldes interpretados servem como base para riscar e cortar as peças sobre o tecido, reposicionando-as. Nas alterações que foram realizadas no processo anterior a esse, as marcas referentes às margens de costura e às marcações necessárias para a montagem da peça ocorrem ao longo desse processo.

O processo de produção e aplicação do molde para corte ou interpretado consiste em etapas diferenciadas. A primeira delas consiste na separação e identificação, de acordo com a nomenclatura, de cada uma das partes que compõem a modelagem.

A segunda etapa de trabalho dos moldes interpretados consiste na inserção de margens de costura e barras nas peças. Margens de costura são um acréscimo colocado na medida dos moldes, nas partes que futuramente se unirão ou nas peças que receberão acabamento na peça. As medidas das margens de costura são acrescentadas aos moldes durante o processo de finalização da peça somente após o processo de finalização do molde de trabalho.

Esse tipo de cuidado colaborará para o resultado final de uniformidade das medidas, em todos os contornos de uma peça que compõem o molde interpretado. Não são todos os acabamentos que necessitam de margem de costura, mas a grande maioria sim. As decisões de acréscimos nas margens de costura são singulares, variando de uma empresa para outra, de acordo com o segmento específico em que atuam.

Diferentes fatores servem para a decisão da quantidade e medida de margens de costura que serão utilizadas. Dentre esses fatores é possível citar: o tipo do tecido, o acabamento que será dado, aplicações na borda da peça, a parte do molde que está sendo trabalhada e o ponto que será dado na peça.

Normalmente são utilizadas como regra geral, especificamente para tecidos planos, algumas medidas específicas destinadas à produção industrial. São elas: costuras laterais, de 1 cm a 2 cm; costuras de contorno dos moldes, como cavas, golas e decotes, 0,5 cm; barras ou bainhas, de 1 cm a 5 cm.

O trabalho deve ser realizado prezando a exatidão das margens de costura, que, quando colocadas sobre os moldes, deverão apresentar uniformidade à borda do molde de trabalho. Qualquer alteração ou desproporção na margem de costura poderá alterar as medidas do molde como um todo, ocasionando possíveis erros ou defeitos durante o processo de produção das peças.

O próximo passo é a confecção dos moldes para os acabamentos da peça.

Figura 1.9 – Molde preso ao tecido.

Na última etapa é necessário conferir as partes que serão unidas para a garantia de que não haja nenhuma alteração nas medidas (ex.: em uma blusa a lateral da frente e das costas deverá ter exatamente o mesmo comprimento, pois estas partes serão unidas por uma costura, bem como o ombro, frente e costas do molde).

1.2 Medidas dos moldes

Para coletar as medidas do corpo humano existe uma metodologia específica. A ABNT (Associação Brasileira de Normas Técnicas) desenvolveu a NBR 15.127 – Corpo Humano – definição de medidas, publicada em 2004.

Essa norma teve como base a ISO 7.250 e estabelece um procedimento para medir partes do corpo humano, mostrando como se deve medir a altura do ombro e das pernas, os perímetros do pescoço, da coxa e de outras áreas. No total, o corpo humano apresenta 54 medidas, cujas classificações serão apresentadas a seguir.

1.2.1 Medidas fundamentais

Medidas basicamente através da circunferência do busto, da cintura e dos quadris. São medidas necessárias para o traçado do molde.

» **Busto:** para medir o busto é necessário passar a fita métrica em todo o contorno do busto, de maneira que ela fique rente ao local que será medido, levemente apertada de modo que o dedo da pessoa que está medindo possa deslizar na fita e conferir a eficácia da medida. A medida deve ser anotada e somados a ela mais 4 cm. Esses 4 cm servirão como folga para que a peça vista confortavelmente.

Figura 1.10 – Exemplo da medida da região do busto.

» **Cintura:** a região da cintura fica localizada entre o busto e o quadril. Para encontrá-la é necessário que a própria pessoa que vai ser medida coloque as duas mãos na cintura, de maneira que consiga identificá-la com precisão. É necessário passar a fita métrica em todo o contorno da cintura e colocar o dedo entre uma parte e outra, identificando a medida.

Figura 1.11 – Exemplo da medida da região da cintura.

» **Quadril:** para medir o quadril é necessário posicionar a fita métrica contornando a região dos glúteos de maneira que a fita circunde a linha de divisão, posicionada na horizontal, na metade do glúteo.

Figura 1.12 – Exemplo da medida da região do quadril.

1.2.2 Medidas auxiliares e complementares

Medida do ombro, largura das costas, comprimento do corpo, comprimento da manga, largura da manga, largura e altura do punho, altura do quadril, altura do gancho, comprimento total.

» **Medida do ombro:** para medir a largura do ombro é necessário localizar a fita a partir da base do pescoço e estender a fita até o "ossinho" da ponta do ombro. (Esse ossinho é uma referência, nesse caso, para fazer uma roupa feminina. Se fosse uma roupa masculina, seria necessário contar mais 3 cm a partir dele.)

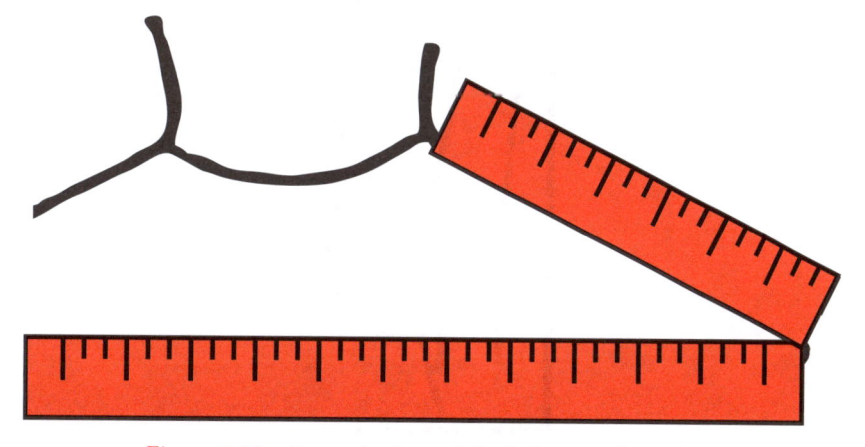

Figura 1.13 – Exemplo de medida da largura do ombro.

» **Largura das costas:** para que a medida das costas seja realizada é necessário que os dois "ossinhos" do ombro sirvam como referência. Para isso, é preciso medir a largura do ombro de uma ponta a outra, em sentido horizontal.

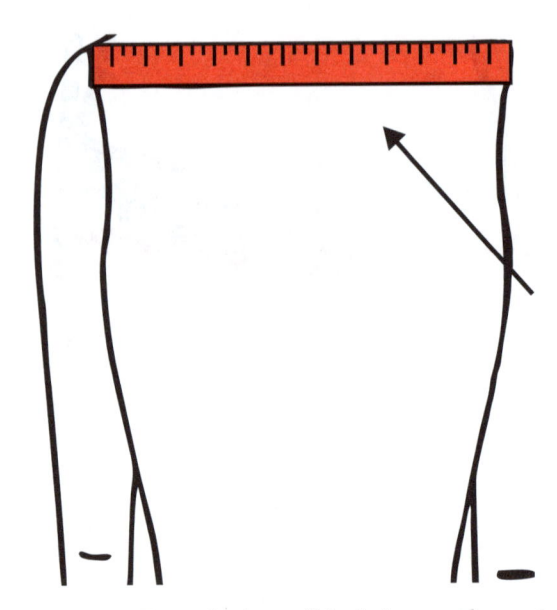

Figura 1.14 – Exemplo de medida da largura das costas.

» **Comprimento do corpo:** para medir, será preciso posicionar a fita métrica na reta da orelha junto à base do pescoço e estender a fita até a cintura. A medida é exata, e é só adicionar 2 cm se a blusa tiver pences.

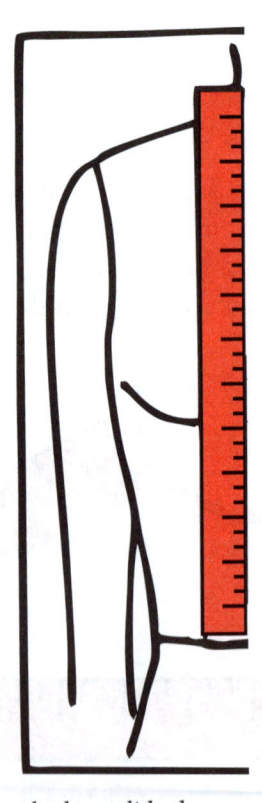

Figura 1.15 – Exemplo de medida do comprimento do corpo.

» **Comprimento da manga:** para medir o comprimento da manga é necessário dobrar o braço posicionando levemente a mão sobre o ventre, devendo-se começar a medir a partir do "ossinho" do ombro. A fita deve ser estendida até o comprimento desejado.

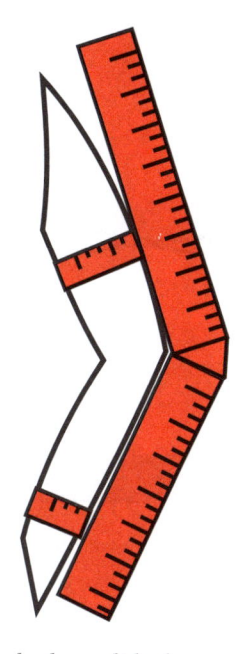

Figura 1.16 – Exemplo de medida do comprimento da manga.

» **Largura da manga:** a fita métrica deve passar um pouco acima da metade do braço, fazendo uma circunferência. É necessário deixar uma folga na fita métrica.

» **Largura e altura do punho:** a largura do punho é marcada através da circunferência do mesmo. É necessário marcar a medida e somar mais 1 cm a ela. Em relação à altura do punho, é aconselhável que seja marcada a partir de 4 cm. É preciso marcar a medida e somar também mais 1 cm a ela.

» **Altura do quadril:** a altura do quadril é a determinante da altura do cós. A medida é encontrada através da medida até a linha do quadril.

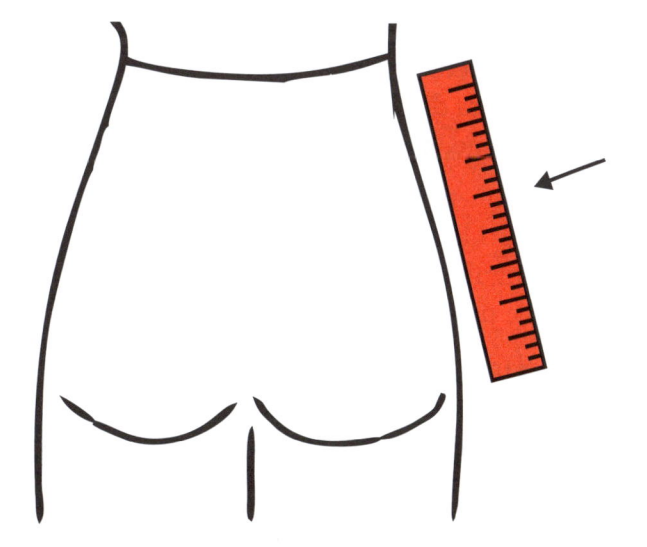

Figura 1.17 – Exemplo de medida da altura do quadril.

» **Altura do gancho:** a medida é tirada enquanto a pessoa está sentada. É feita da mesma forma da medida da altura do quadril, pela parte lateral.

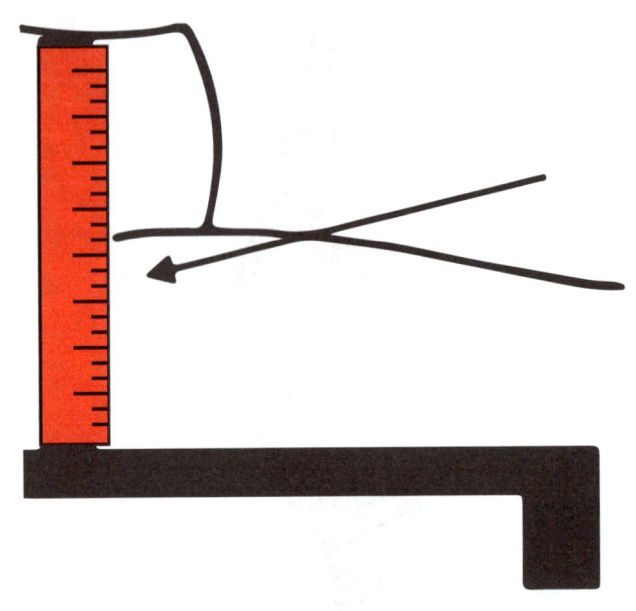

Figura 1.18 – Exemplo de medida da altura do gancho.

» **Comprimento total:** é a medida do comprimento desejado da peça. Para medir basta pôr uma das pontas da fita métrica na base do pescoço, alinhando com a reta da orelha e estendendo a fita até o comprimento desejado.

1.3 Técnicas de modelagem

1.3.1 Modelagem plana

É a técnica utilizada para reproduzir, em segunda dimensão, algo que será usado sobre o corpo humano, em tecido ou similar, de forma tridimensional.

Essa modelagem, que pode ser aplicada de forma manual ou computadorizada, pode ser utilizada para confeccionar uma única peça de roupa ou para a produção em grande escala, como acontece na confecção industrial de pequeno, médio ou grande porte.

Para a realização dos procedimentos técnicos da modelagem plana do vestuário a base é o princípio da representação do corpo humano por meio de um plano. Para isso, posicionam-se as linhas verticais e horizontais em ângulos relacionados com o plano de equilíbrio do corpo, simetria, alturas, comprimentos e relações de proporções entre as partes.

A técnica de modelagem plana industrial pode ser realizada manualmente ou por sistemas assistidos por computador (CAD), utilizando os princípios da geometria para traçar diagramas bidimensionais nos planos denominados moldes. Esses moldes, quando colocados sobre o tecido cortado e unidos por costuras, se transformarão em peças do vestuário.

O molde traçado no papel de forma bidimensional, com o auxílio de materiais e instrumentos de modelar, é representado por diagramas formados por ângulos de 90º para garantir a simetria da peça. Também é constituído por linhas retas e curvas, que vão tomando formas, obedecendo à tabela de medidas padronizadas para os diversos segmentos de design do vestuário.

A modelagem passa por algumas alterações de acordo com o produto que será confeccionado, em função da variação dos tipos de tecido que vão ser trabalhados. A construção do molde então sofrerá alterações, com as folgas e encolhimentos necessários.

A precisão das medidas antropométricas, que se caracterizam pelo estudo das medidas do corpo humano, o cálculo matemático acurado durante o traçado das bases, o cálculo exato das proporções entre as partes do corpo e o posicionamento das linhas de equilíbrio podem fazer toda a diferença no caimento da roupa e torná-la confortável e harmoniosa ao corpo que vai vesti-la.

A tabela de medidas é essencial para a criação do molde de vestuário. Ela representa o corpo humano por meio de diagramas bidimensionais que quando costurados serão as peças do vestuário. A partir da base confeccionada pelo modelista, pode-se elaborar qualquer tipo de modelo e fazer as alterações necessárias para a realização do modelo desenhado pelo designer. Esse molde base faz toda a diferença quando se trata de produção em escala industrial, já que a moda está sujeita às constantes mudanças relacionadas ao lançamento de tendências.

Desde que mantidas as bases e obedecida a tabela de medidas, os moldes idealizados, interpretados e realizados se adaptarão bem ao consumidor final.

A combinação entre a modelagem e o design traz leveza à criação, que se adapta ao corpo como um passe de mágica. A modelagem plana industrial se desenvolve da seguinte maneira:

1.3.1.1 Etapas do desenvolvimento da modelagem plana industrial

1) Análise da tabela de medidas que será utilizada na realização dos modelos de acordo com o público-alvo da empresa.

2) Traçado detalhado do diagrama base do corpo (utilizando a tabela de medidas) que servirá de orientação para a realização dos modelos criados pelo designer. O molde base facilita e agiliza o trabalho do modelista, que sempre partirá de bases já aprovadas para modelar novas peças.

3) Interpretação e elaboração dos modelos criados pelo designer. Nessa fase o modelista faz a alteração na modelagem, a partir da base, e cria o novo molde para o desenho criado. Essa análise é feita pelo desenho técnico do produto que consta na ficha técnica.

4) Preparação da modelagem para a realização do corte das peças-piloto.

5) Análise e aprovação das peças-piloto.

6) Correção de moldes e execução de novas peças, caso seja necessário.

7) Elaboração da modelagem final com as devidas sinalizações para a produção em série.

8) Graduação dos moldes – realização das devidas ampliações e redução dos moldes aprovados conforme tabela de medidas-padrão.

A ficha técnica é um referencial para o trabalho de criação e confecção do modelo e o principal veículo de comunicação entre o designer e o modelista na indústria. Sua transformação, de acordo com a sequência do processo, vai estruturando o produto na medida do seu desenvolvimento e deixando clara as duas partes a evolução no decorrer do processo.

A modelagem se utiliza da tabela de medidas, dos conhecimentos da antropometria, da ergonomia e da matemática, com o auxílio dos conhecimentos da geometria e do cálculo, para o desempenho nos traçados dos moldes.

1.3.2 *Moulage*

Também conhecida pelo termo inglês *draping*, *moulage* é uma técnica de modelagem tridimensional. O nome vem do francês *moule*, que significa forma, molde. A expressão *fait au moule* significa feito sob medida.

Nessa técnica, o tecido é trabalhado sobre o próprio manequim – ou, no caso da peça personalizada, sobre o próprio corpo que usará aquela peça –, que tem suas medidas personalizadas. Na *moulage* os ajustes podem ser feitos diretamente nas curvas do corpo, resultando em um caimento perfeito.

Existem muitas maneiras de fazer *moulage*, que dependem da criatividade. Mesmo as técnicas tradicionais apresentam muitas variações nos detalhes de como marcar uma pence, como marcar costuras, em que momento adicionar folgas, entre outras.

O processo de *moulage* se dá da seguinte maneira:

1.3.2.1 Etapas do desenvolvimento da *moulage*

1) Selecionar os desenhos ou as imagens do modelo que será trabalhado.

2) Calcular o tamanho do tecido necessário para a confecção da peça e marcar nele as linhas do fio reto e outras linhas de referência necessárias, dependendo do modelo – busto, cintura, quadril, entre outros.

3) Alfinetar o tecido no manequim ou no corpo do futuro usuário da peça, com atenção ao fio e às linhas do modelo. As folgas, pregas, pences e outros detalhes são importantes.

4) Marcar a lápis todas as linhas necessárias para definir o limite do molde e como ele deve ser costurado futuramente.

5) Com a ajuda de réguas e curvas de modelagem, corrigir o molde de tecido sobre a mesa.

6) Alfinetar novamente o molde para uma prova rápida.

7) Transferir o molde de tecido para o papel.

Em caso de moldes muito complexos ou para produção em série, é necessário confeccionar um protótipo para teste.

A *moulage* serve para todos os tipos de roupas, desde roupas de ginástica à alfaiataria. A diferença da *moulage* para a modelagem plana é que nem sempre vale a pena utilizá-la, pois pode ser mais demorada.

Para fazer uma camiseta, por exemplo, é mais trabalhoso e mais impreciso usar a técnica de *moulage* do que a modelagem plana, principalmente quando já existem bases prontas. Se o modelista domina a técnica de modelagem plana, provavelmente não terá necessidade de usar a *moulage* na maioria dos casos.

A técnica é mais bem aproveitada em roupas que fogem do padrão ou que necessitam ser muito modeladas no corpo. Essas roupas que fogem do padrão podem ter recortes diferentes dos tradicionais, ou em maior número, volumes exagerados ou em lugares inusitados, golas de tamanhos e formatos diferentes, alterações na estrutura dos moldes, como pregas, franzidos, dobras e torcidos, ou qualquer outro detalhe que será mais facilmente visualizado sobre o manequim do que sobre a mesa de modelagem.

É o tipo de modelagem de criação ideal quando ainda não se tem uma ideia definida de como será a roupa.

A *moulage* é feita sobre um manequim especial, anatomicamente correto, estofado, para que possam ser espetados alfinetes, e com uma base muito firme. Prepara-se o manequim para o trabalho com marcações que indicam o centro da frente e o das costas, linhas de busto, cintura e quadril, pescoço, cava e lateral. Dependendo da técnica e do modelo, também são marcadas outras linhas, mas essas são as principais. Para formas inusitadas ou volumes muito grandes e armados, o manequim pode ser alterado usando-se enchimentos, anáguas ou próteses.

Os manequins de exposição ou de vitrinas não são adequados à técnica, porque não são anatomicamente corretos nem macios para se espetarem os alfinetes. Além disso, têm um forro de malha que, por não ser fixo, se movimenta com o peso do tecido de *moulage*, fazendo com que o trabalho não seja preciso.

O manequim também pode ser alterado para adequar-se ao corpo do cliente, que é maior do que o manequim. Isso é feito com enchimento de algodão ou de fibra sintética, cuidadosamente, para reproduzir as formas e volumes do corpo final. A *moulage* feita sobre esse novo volume, adquire então suas novas formas.

Tabela 1.3 – Vantagens e desvantagens da técnica de *moulage*

Vantagens	Desvantagens
» Possibilita a visualização imediata de volumes de pregas, franzidos e outros.	» A marcação no manequim é menos precisa do que na modelagem plana.
» Possibilita a visualização do efeito visual de recortes.	» A *moulage* pode ser um processo mais demorado, pois começa-se com o tecido e no final desse processo é transferido para o papel.
» Facilita a montagem de áreas mais curvas do corpo e regiões complexas como o busto e as costas.	» O equipamento necessário – o manequim – é mais caro.
» Permite a criação de modelos superinovadores.	» O manequim só permite executar moldes no tamanho dele, a não ser que seja alterado com a ajuda de alguns enchimentos para aumentar a medida.
» É possível a reprodução do corpo de um cliente sobre o manequim e a modelagem da roupa sobre esse corpo.	
» Se a experiência do modelista for avançada, ele pode tornar o processo muito mais rápido do que o comum.	» Há gasto e desperdício de tecido. Quando se realiza a técnica no próprio tecido da roupa original isso fica mais evidente.
» Em muitos casos, não há necessidade de fazer em protótipo da modelagem.	» Para que a *moulage* seja bem-sucedida, é necessário ter experiência com os tecidos e tato para trabalhar com eles.

Neste capítulo foi possível absorver os conceitos básicos da modelagem. Foi possível ainda aprender sobre os principais tipos, diferenças e empregos em situações específicas e de acordo com as exigências de cada segmento. Também foi feita a análise de moldes, traçados e termos acerca do processo.

Ao fim de todos os capítulos é preciso recapitular a teoria através da prática. Na próxima seção serão apresentadas algumas questões que serão essenciais no processo de aprendizagem e fixação do ensino.

Agora é com você!

1) Para realizarmos essa atividade é necessário que a turma seja dividida em grupos de em média cinco alunos. De acordo com o planejamento prévio e sólido sobre como seria um projeto de uma linha de coleção de moda, vocês deverão decidir as peças que seriam confeccionadas para essa linha. Deverão ser definidas as quantidades proporcionais e harmoniosas em relação ao número de calças e blusas, vestidos, shorts, entre outros.

2) Após a seleção, é necessário o desenho técnico de cada uma das peças, especificando todos os seus detalhes. Na apresentação desses desenhos, o estilista tem a oportunidade de explicar ao modelista os mínimos e essenciais detalhes de uma peça. Deverá ser indicado o uso de zíperes, botões, aviamentos, acessórios, etiquetas, vieses, recortes, tipos de costura e linhas (assim sendo necessário e levando em consideração a idealização inicial da peça, vide croqui).

3) Após o processo de elaboração dos croquis e desenvolvimento dos desenhos técnicos, a equipe deverá selecionar as peças que serão confeccionadas.

4) Após a realização dessas etapas, o molde deverá ser traçado de acordo com o modelo correspondente, no papel indicado pelo professor, definindo as bases e montando o molde reduzido das peças que serão escolhidas para a confecção.

Evolução Tecnológica da Costura

Para começar

Este capítulo tem como objetivo apresentar o processo de evolução tecnológica da costura, levando em consideração os primeiros relatos da prática, analisando nossos antepassados e seus comportamentos, relatando as principais criações e métodos, chegando até os dias atuais.

Tendo essas informações como base, pode-se entender a escala evolutiva da Indústria Tecnológica da Costura de maneira mais simplificada e absorver o conteúdo restante do livro mais facilmente.

2.1 O começo de tudo

Quando citamos na história o estilo de vida e tipo de comportamento dos povoados da antiguidade, podemos observar seus diferentes traços de evolução, apesar de conviverem no mesmo século, mas em países diferentes e com suas singulares culturas.

Chamamos de povos antigos algumas civilizações pertencentes ao período antecessor da Idade Média e sucessor da Pré-história. As que apresentaram destaque na História da Moda e do Vestuário foram: egípcios; etíopes; sírios e fenícios; hebreus; assírios e babilônios; medas e persas; citas; partos; sármatas, dácios e ilíricos; cretenses; da Ásia Menor; gregos; romanos.

A fim de criarem suas próprias roupas e tendo como objetivo principal da vestimenta a proteção contra o clima local e também a proteção de seus próprios corpos (já que os povos pertencentes a essas civilizações tinham o hábito constante de guerrear, tanto homens como mulheres), o homem desenvolveu e executou algumas técnicas primárias de costura.

As peças de tecidos criados através de fibras vegetais, como o linho e o algodão, não possuíam modelagem definida, nem eram criadas sob a perspectiva estética. Eram geralmente peças cortadas grosseiramente, sem o auxílio de tesouras, pois ainda não havia esse recurso. E para serem presas ao corpo eram utilizados cintos ou faixas ou elas eram costuradas com materiais advindos de ossos e cartilagens de animais.

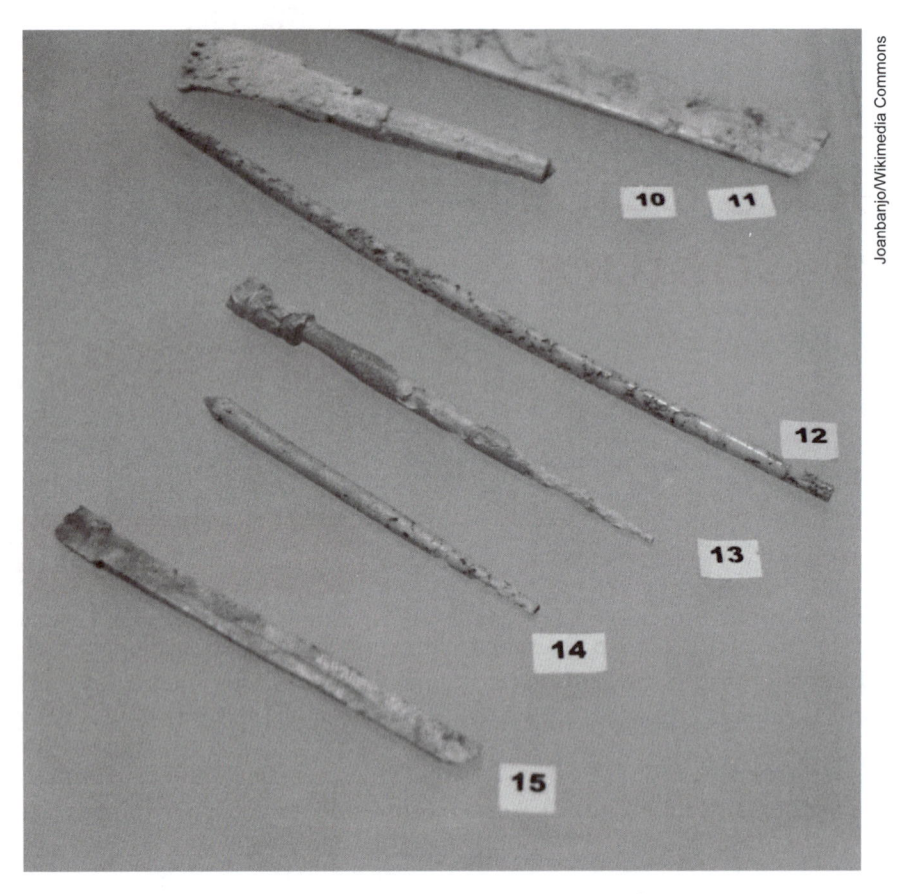

Figura 2.1 – Agulhas confeccionadas com osso e marfins de animais.

Algumas agulhas eram confeccionadas com ossos de animais, cartilagens espinhas de peixe, ossos de mamute ou marfins de elefantes. Eram muito grosseiras e serviam para auxiliar na passagem do fio de um lado para outro, para manter a peça firme ao corpo e prender suas extremidades.

Ossos serviam como utensílios, raspadores, furadores e ganchos. Algumas fibras nervosas serviam como cordões para amarrar alguns tecidos ou peles ao redor do corpo.

Essas civilizações viveram imensas transformações culturais, decorrentes das migrações e adoção de novas técnicas. O uso de metais facilitou a arte da fabricação de alguns aparatos necessários e auxíliou no processo de desenvolvimento de alguns tecidos.

2.2 Aperfeiçoamento da técnica

Segundo Desiderio (2002), ao longo dos milênios de civilização, o homem sempre procurou se vestir de maneira confortável, tendo que se submeter à árdua mão de obra exigida pela costura manual de tecidos e também de couros.

Porém, somente há pouco mais de dois séculos ocorreu a primeira tentativa da transformação do trabalho manual em trabalho através do maquinário. A experiência foi feita com um aparelho que o libera dessa grandiosa mão de obra.

No ano de 1755, Charles Weisenthal, na Inglaterra, obteve a patente de um mecanismo que consistia em uma agulha de duas pontas com um orifício central. A agulha atravessava o tecido com a ajuda de dois dedos, que em seguida a seguravam do outro lado.

Esse mecanismo também foi utilizado posteriormente por Madersperger e Greenough, entre outros praticantes da técnica.

Atualmente ainda se pode encontrar utilidade nesse instrumento antigo, principalmente no segmento do bordado.

O inglês Thomas Saint, antigo fabricante de armários da cidade de St. Sepulchre, localizada na Inglaterra, inventou, 25 anos após a invenção de Weisenthal, uma máquina que era capaz de pespontar sapatos. O mecanismo dessa máquina consistia no funcionamento de uma ferramenta que era uma espécie de estilete e possuía agulha em forma de gancho e uma espécie de *looper* inferior que formava um ponto corrente.

Embora ele não conseguisse desenvolver o invento para que fosse útil para a sociedade, a máquina possuía características essenciais às máquinas de costura atuais.

Após esse longo período, muitas e novas tentativas foram feitas, no intuito de se conseguir uma invenção que resultasse em uma máquina de costura com utilidade prática.

Balthasar Krems, no início do século XIX, apresentou à Alemanha uma máquina de costura de ponto corrente, na qual era utilizada uma espécie de agulha com orifício na ponta e um dispositivo que também era uma espécie de *looper*.

O diferencial dessa máquina consistia no transporte intermitente, tendo como auxílio a utilização de um tipo de esteira circular com arame farpado. Infelizmente, na época, a invenção não foi divulgada, e assim não ganhou adeptos, mas um desses modelos se encontra atualmente exposto no Museu de Mayen.

No ano de 1804, John Ducan projetou uma nova máquina, agora especializada em bordados. A ferramenta tinha como característica principal uma agulha de ponta de gancho. Além de ser comercializada na Escócia, a invenção também fez sucesso na Áustria, por intermédio do alfaiate e investidor Joseph Madersperg.

Joseph é conhecido como o primeiro a conseguir realizar a construção de uma máquina capaz de realizar o processo total da costura. A invenção foi patenteada em 1814 e produzida, num primeiro momento, em pequena escala, por período determinado. Era comumente utilizada por

Madersperger na confecção de chapéus. Além de possuir duas agulhas com orifícios na ponta, contava com um sistema capaz de entrelaçar duas linhas ao mesmo tempo.

Apesar de todos os benefícios apresentados por essa máquina, seus defeitos começaram a se tornar uma constante, e Mandersperger não conseguiu convencer a sociedade a dar valor a esse produto.

Um outro nome de sucesso nesse processo é o de John Adams, que projetou a primeira máquina de sucesso nos EUA. A peça consistia em um maquinário peculiar que utilizava dois tipos de agulhas com furos no centro. Era possível produzir um ponto completo e satisfatório, através de costuras curtas. A invenção era tão vanguardista para a época que a maioria dos alfaiates contemporâneos a Adams temeu suas substituições em virtude da criação dessa máquina. Isso fez com que ele não prosseguisse com a ideia e a máquina não fosse patenteada.

Ao longo do século XIX, Barthelemy Thimmonier construiu um protótipo de máquina de madeira que permitia confeccionar determinadas peças do vestuário. O invento criava um ponto corrente com a ajuda de uma agulha com ponta de gancho, localizando-se na parte superior do material a formação do laço.

Após mais de uma década da criação, Thimmonier havia vendido oitenta máquinas para o exército francês. Essa máquina tinha o acionamento por pedal e era capaz de produzir 200 pontos por minuto.

Mesmo a sociedade tendo sido agraciada por essa invenção evolutiva, os alfaiates e inventores daquela época cogitavam destruir todas as máquinas que encontravam, pois acreditavam que aquela invenção representava uma ameaça aos seus meios de vida. O criador morreu pobre e sem recursos.

Após esse episódio, muitos homens apresentaram propostas para solucionar o problema da invenção de uma máquina de costura.

Após inúmeras tentativas de criação de máquinas de costura, é importante ressaltar a tentativa de Walter Hunt, que criou o primeiro ponto de costura considerado fixo e também muito prático. O ponto consistia na combinação de uma lançadeira que possuía uma agulha com orifício na ponta, localizada na parte superior da peça. Com ideias mais promissoras do que Hunt, porém, Newton Archbold criou uma espécie de máquina que também possuía uma agulha de orifício na ponta, mas que era capaz de produzir ponto corrente.

Outras invenções surgiram posteriormente. Aquela de que se tem mais conhecimento, e inclusive se dispõe de um exemplar físico, é a que foi criado por Elias Howe Jr., no ano de 1845. A criação de Howe Jr. continha uma agulha curvada, também com orifício na ponta, e que possuía ranhuras. O maquinário era composto por suporte e lançadeira e tinha como diferencial um dispositivo de tensão para a linha, que auxilia na formação do ponto. No entanto, a invenção ainda era limitada, principalmente no que diz respeito ao seu mecanismo de alimentação.

Durante alguns períodos de teste foi possível observar que o processo consistia em prender o tecido a uma chapa curva, com alguns pequenos pinos de fixação. Nesse movimento era possível levá-lo de encontro às chapas de alimentação e alinhavo. Depois de percorrer toda a chapa de alinhavo, ainda assim era necessário retirá-lo e reposicioná-lo novamente.

Figura 2.2 – Elias Howe Jr.

Figura 2.3 – Máquina de costura criada por Howe.

Somente no ano de 1848 a primeira criação relacionada às máquinas de costura pôde ser vendida em grande quantidade. A peça foi fruto do estudo de John Bradshaw. Já a primeira lançadeira oscilante, que permitia o movimento das peças se deslocando de forma horizontal, foi inventada em 1849 e teve como patenteadores "Lerow & Blodgett's Rotary Sewing Machine".

No entanto, o que pode ser considerado como a invenção mais significativa do século XIX é a máquina que permitia o transporte reto das peças através de uma esteira que tinha como principal matéria-prima o feltro e que possuía uma agulha que ficava localizada na parte superior do maquinário. O responsável pela invenção foi John Bachelder.

Porém, a primeira lançadeira rotativa foi desenvolvida somente no final do século XIX. A peça permitia que a máquina executasse quatro movimentos diferentes e fizesse o transporte através de correias dentadas. A ideia executada por Allen B. Wilson teve tanta repercussão que foi comercializada pela empresa Wheeler & Wilson Machine Company, que depois disso se tornou parte da Singer Company.

Em 1851, Isaac Merritt Singer fabricou a primeira máquina de costura prática. Além de ter uma agulha reta com orifício na ponta e com movimento vertical, foram utilizados na máquina os seguintes elementos: lançadeira de barquinho, alavanca estica-linha, dispositivo de tensão de linha, mesa para apoiar o material a ser costurado, calçador com ação de mola para eliminar as ondulações de tecido e unidente circular recartilhado, emergindo sobre a mesa através de uma fenda. Uma polia com biela transmitia o movimento simultaneamente ao braço e à lançadeira, através de um jogo de engrenagens.

Inicialmente, essa máquina não costurava, o que fez com que a Singer cogitasse a possibilidade de abandonar o projeto quando se lembrou de um detalhe: havia esquecido o ajuste do controle do estica-linha. Feita a alteração, a máquina conseguiu costurar perfeitamente.

A modificação do estica-linha foi tão importante que até hoje se mantém como base de trabalho, tendo sofrido alterações e aperfeiçoamentos.

Com a finalidade de fabricar e comercializar sua máquina, a Singer estabeleceu-se em Boston, em 1551, com a razão social I. M. Singer Company, que veio a se transformar na Singer Manufacturing Company em Nova York, em 1863.

Amplie seus conhecimentos

Angelo Spricigo, de 99 anos, entrou para o RankBrasil em 2014 com a maior coleção de máquinas de costura do país. Localizado em Concórdia (SC), o acervo é um museu que possui 1.080 unidades.

Em 1997, após o falecimento da esposa, enquanto guardava as coisas da companheira com carinho, Spricigo consertou duas máquinas que pertenciam a ela. Depois disso, pegou gosto pela atividade, e naquele ano, mesmo ainda sem saber, começava a coleção que seria um museu.

O Museu Angelo Spricigo fica na Rua Romano Anselmo Fontana, número 346, no centro da cidade de Concórdia, em Santa Catarina. O horário de visitação é das 14h às 18h nas quintas e sextas-feiras, exceto feriados. O local recebeu aproximadamente 400 visitas no ano de 2013. Saiba mais em: <www.newsrondonia.com.br/noticias/museu+de+maquinas+de+costura+em+sc+possui+maior+colecao+do+pais/44517>. Acesso em: 27 abr. 2015.

2.3 Costura de tecidos tecnológicos

Sobre o estudo da modelagem e consequentemente da costura é necessário saber que para aprender a definir o método de modelagem mais indicado ao tecido que se quer trabalhar é preciso diferenciar os tipos de tecido existentes.

Temos especificamente dois tipos: tecidos planos ou malhas. Os tecidos planos se caracterizam por serem compostos por tramas e urdumes, que quando entrelaçados dão forma ao tecido. A trama representa o sentido do fio na posição vertical, enquanto o urdume representa o sentido do fio na posição horizontal.

Para se fabricar tecidos é necessário utilizar um equipamento específico para cada tipo de tecido. Os tecidos planos são fabricados em teares. Teares são divididos em dois modelos: manuais ou industriais.

Os teares consistem em uma armação de madeira onde são prendidos vários fios de urdume esticados e posicionados lado a lado. Depois de esses fios serem posicionados dessa maneira, passa-se outro fio por entre os fios de trama já esticados, os fios de trama são passados pelo urdume de forma intercalada, sendo um fio passado por cima, outro por baixo e assim sucessivamente.

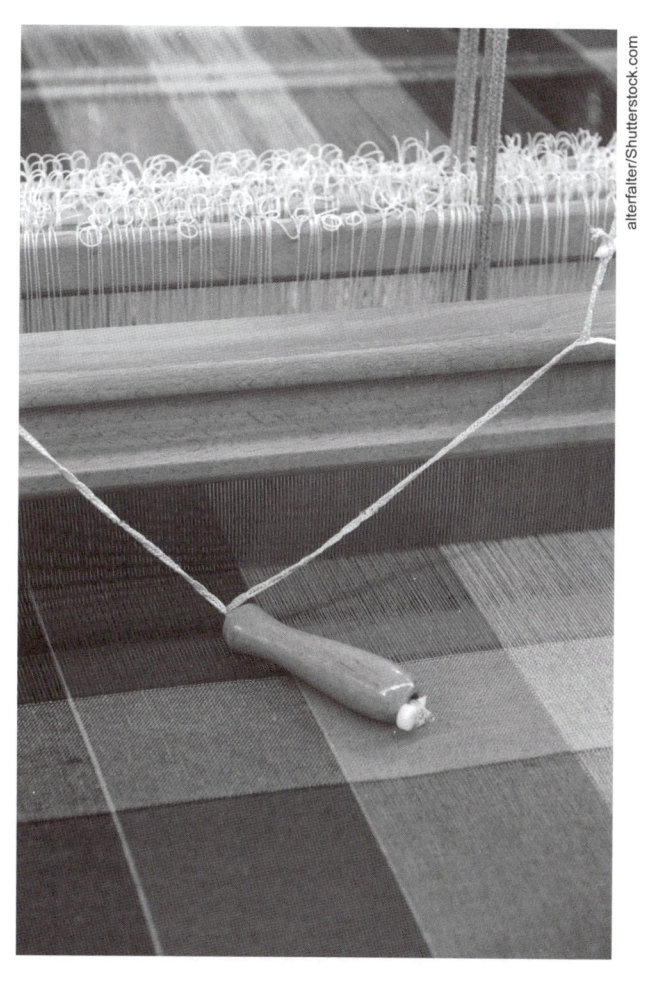

alterfalter/Shutterstock.com

Figura 2.4 – Tear.

2.3.1 Tipos de tecido

A trama e o urdume definem o denominado "fio do tecido". É o sentido em que corre o fio de urdume, pois o urdume e a trama, ao assumirem funções diferentes no momento da tecelagem, apresentam características diferentes e influenciam o caimento do tecido de formas também diferentes.

O fio da trama somente ganha movimento após o fio do urdume já estar posicionado no tear. Diferentemente do urdume, a trama não é tensionada, logo o fio poderá apresentar menor resistência e torção.

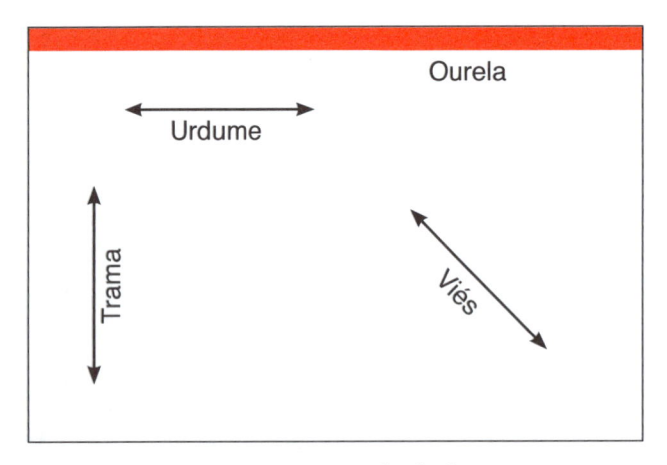

Figura 2.5 – Sentido do fio.

A relação do sentido do fio com o caimento do tecido está relacionada ao posicionamento do fio. No exemplo do urdume citado é possível observar que quando o urdume se posiciona perpendicular ao solo apresenta melhor caimento do tecido do que quando cai paralelo ao solo. Outra opção de corte é o intitulado "enviesado", mas, como não existe um fio determinado como "fio viés", o corte em viés é feito a 45º do fio de urdume. Nesse sentido não passa nenhum fio de tecido, apresentando melhor caimento e dando sensação de elasticidade ao tecido.

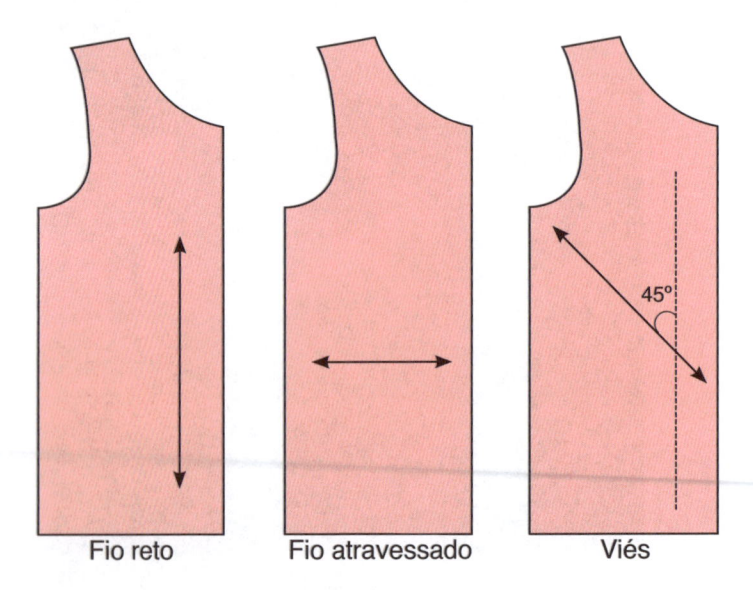

Figura 2.6 – Exemplo dos diferentes cortes de fios.

A estrutura e a geometria dos tecidos de malha se diferenciam das do tecido plano. No tecido surge o entrelaçamento de laçadas de um ou mais fios. Embora não se saiba exatamente a data de descoberta do método manual de "produzir" malha, estudos recentes no Egito comprovam que esse método já era conhecido no século V a.C. Relatos confirmam que o primeiro tear de malha surgiu na Inglaterra, por volta do século XVI.

As malhas são produzidas de forma manual ou mecânica, um ou mais fios se interpenetram, apoiando-se lateral e verticalmente, por meio de agulhas. Na malha o fio pode correr de forma espiral horizontalmente ou com vários fios longitudinais. Essas laçadas se sustentam, ficando livres para se moverem quando submetidas a alguma tensão. A flexibilidade é a maior característica da malha.

As malhas são produzidas por laçadas interligadas que resultam em uma estrutura flexível. O fio e a estrutura utilizada é que determinam o grau de elasticidade da malha.

As malhas são divididas da seguinte forma:

» Malhas firmes:
  – meia malha de algodão;
  – moletom;
  – plush;
  – veludo, entre outras.
» Malhas elásticas:
  – lycra;
  – cotton lycra.

2.3.2 Preparação da malha para o corte

Antes de ser cortada, a malha deve passar pelo processo de descanso, que consiste em deixá-la desenrolada e apoiada em uma superfície plana durante 24h.

As principais máquinas utilizadas na confecção de malha são:

» galoneira;
» overloque;
» reta;
» interloque.

2.3.2.1 Costura da malha

As agulhas utilizadas para a costura da malha são geralmente:

» agulha n° 9 ou n° 11 (ponta bola);
» fio de náilon ou poliéster.

2.3.2.2 Cálculo da elasticidade da malha

A modelagem aplicada na malha sofre reduções de acordo com a elasticidade da malha.

O processo ocorre da seguinte forma:

» É necessário esticar uma amostra do tecido de malha para verificar o sentido que possui maior elasticidade. Em geral essa elasticidade é adquirida quando se estica o tecido na posição perpendicular.

» Deve-se cortar um retângulo com 12 cm de comprimento e 5 cm de largura, observando que é o comprimento que sempre apresentará maior elasticidade.

» É preciso marcar com dois alfinetes o retângulo de 12 cm cortado, estabelecendo a distância de 10 cm um do outro. Encostar o alfinete da esquerda sobre o ponto zero da régua e esticar o máximo possível, puxando pelo alfinete da direita. Após esses passos, é necessário anotar o número onde o alfinete da direita alcançou.

A elasticidade da malha é dividida em três graus diferentes:

» **Baixa elasticidade:** quando atinge até 12 cm.

» **Média elasticidade:** quando atinge de 13 cm a 18 cm.

» **Alta elasticidade:** quando atinge acima de 18 cm.

> **Lembre-se**
>
> Se o alfinete da direita, quando esticado, alcançou 14 cm, significa que a malha possui 40% de elasticidade.

2.4 Defeitos identificáveis no tecido de malha em estado cru

A elasticidade da malha é dividida em três graus diferentes:

» **Buraco:** furo de pequena dimensão apresentado em formato linear ou circular.

» **Rasgo:** furo de maior dimensão, podendo se apresentar através de dois tipos. Circular: quando aparece no sentido horizontal, principalmente em função do rompimento do fio, interrompendo a formação do curso. Linear: quando aparece no sentido vertical, ocasionado principalmente por danos na lingueta da agulha ou platina do tear.

» **Malha corrida:** defeito no sentido vertical, proveniente do não entrelaçamento de uma ou mais colunas, causado por agulha com gancho quebrado ou fechado pela lingueta, quando na posição de tecimento ou desentrelaçamento dessas colunas.

» **Pé de galinha:** ponto carregado ou ponto duplo anormal no sentido vertical.

» **Afastamento irregular da coluna:** linha vertical devida ao intervalo anormal de uma ou mais colunas. Geralmente é causado por agulhas tortas, caneletes sujos ou desgastados.

» **Bucha:** aglomerado de fibrilas ou fios que se encontram incorporados ao tecido.

» **Fibras estranhas:** quando o tecido é contaminado por fibras diferentes no fio ou ao longo do seu processo de produção.

- » **Mancha de óleo:** mancha oleosa que se apresenta geralmente em forma de riscos ou pingos, de coloração amarela ou escura.

- » **Vincos:** marcas oriundas de dobras no sentido longitudinal do tecido.

- » **Fio duplo:** presença de dois fios adjacentes que aparecem seguindo o mesmo curso, levando em consideração o fato de um deles ter sido alimentado indevidamente com o fio regular da malha.

- » **Falta de fio:** proveniente da falta de fio em estruturas que apresentam mais de um sistema de alimentação por curso, ou malhas tecidas com dois ou mais fios no mesmo alimentador.

- » **Fio puxado:** estiragem de um ou mais cursos causados pelo puxamento do fio durante o processo de produção.

- » **Alimentação negativa:** curso realizado com pontos irregulares ocasionados por um ou mais fios provenientes de superfícies localizadas fora da fita de alimentação positiva ou roldana destravada.

- » **Título diferente:** entrada de um fio de título mais fino ou mais grosso no mesmo curso. Caracteriza-se pela presença de emendas em ambas as pontas.

- » **Barramento:** diferenças encontradas entre um ou mais cursos, apresentando a incidência de listras horizontais repetitivas.

- » **Malha torcida:** torção no tecido, posicionando as colunas na posição diagonal, fazendo com que as costuras laterais das peças confeccionadas se desloquem, ficando posicionada uma das partes para trás e a outra para a frente.

- » **Falta de solidez:** alteração de cor provocada pela insuficiência de solidez de corantes quando expostos à luz solar, à passagem a ferro, suor, atrito, lavagem caseira, entre outros.

- » **Pregas:** presença de rugosidade encontrada ao longo do tecido.

- » **Diferença de tonalidade:** tecido que apresenta tonalidade diferente do padrão.

- » **Pilling:** presença de pequenas rugosidades em formatos circulares tendo como base principal fibras ou fibrilas na superfície do tecido, normalmente causadas por atrito.

- » **Sovado:** marcas causadas pelo excesso de atrito do molinelo sobre o tecido.

- » **Dégradé:** variação gradual na cor do tecido.

- » **Variação de largura:** tecido que apresenta largura incompatível com as especificações estabelecidas.

- » **Estampa borrada:** estampa que apresenta aspecto embaçado.

- » **Estampa com estrias:** presença de listras ocasionadas geralmente por espátulas ou réguas defeituosas, pastas de corantes mal misturadas, cilindros e quadros gastos, entre outros.

- » **Desencaixe:** falta de encaixe entre as partes da estampa causado por falhas de posicionamento de cilindro ou quadro de estampas.

» **Dobra de estamparia:** falha de estampa ocasionada por parte do tecido dobrado no ato de estampar.

» **Estampa migrada:** expansão nas cores além dos limites definidos pelos desenhos.

» **Malha caída:** malha não formada acidentalmente e que se apresenta flutuante no tecido. Se a malha caída não for detectada rapidamente, tende a se transformar em malha corrida.

» **Tecido sujo:** apresenta sujeira diferente dos demais defeitos especificados anteriormente.

2.5 Revisão de tecidos

A finalidade da revisão é determinar a qualidade e a quantidade de defeitos, classificando-os como de menor ou de maior gravidade. Para realizar a inspeção é necessário contar com a experiência de um revisor de tecidos, iluminação intensa e giz de modelagem para marcação dos defeitos.

2.6 Estocagem de tecidos

O cuidado dado ao tecido durante o processo de estocagem pode ser determinante na manutenção da qualidade alcançada no tecimento. Estocar de maneira incorreta pode marcar o tecido, criar rugas, desalinhar ourelas, alterar cores, entre outros problemas.

O exemplo de forma de estocagem em fogueira ocupa pouco espaço, mas prejudica terrivelmente o tecido, desenvolvendo marcas que não poderão ser retiradas na confecção, além do excesso de luz que atinge o material, podendo alternar a cor irreversivelmente.

Os rolos de tecido devem ficar sobre paletes, isolando-os de sujeiras e umidades que normalmente ficam localizadas próximo ao chão. Jamais devem ser mantidos de pé, nem apoiados em uma das laterais. Essa atitude prejudicaria demasiadamente esse lado do tecido e o condenaria a marcas e deformações de ourelas. Empilhar os tecidos como fogueira também reduz a qualidade do tecido.

O isolamento dos tecidos em relação à poeira e umidade é de suma importância, pois os micro-organismos, como fungos e bactérias, alimentam-se de fibras e desenvolvem manchas e odores que desvalorizam aquela peça. O ataque da luz do sol ou luz artificial pode ocorrer em determinados corantes. Assim, é sempre importante proteger todo e qualquer tecido da incidência de luz.

Gases poluentes, como os que são emitidos por escapamentos de automóveis, também podem afetar a cor dos tecidos, atentando-se para o fato de eles não serem estocados próximo a garagens ou junto a janelas que tenham acesso aos gases de rua.

O início da confecção acontece com a boa seleção do tecido, levando em consideração sua adaptabilidade ao modelo, desenvolvido conforme as tendências e o público-alvo que se pretende atender.

2.7 Tecidos tecnológicos

O ser humano vem construindo sua história através de seus desejos e conquistas, e durante esse processo a roupa o acompanhou, evoluindo em paralelo. Na pré-história o frio era constante, e a única saída para esse problema era a utilização de pele de animais caçados como proteção, mas havia um grande problema: isso limitava seus movimentos, e à medida que secava a pele ficava rígida e difícil de ser utilizada.

Tempos mais tarde descobriram que o curtimento em ácido tânico, proveniente da casca de certas árvores, permitia que as peles fossem cortadas e moldadas. Um dos maiores avanços tecnológicos foi a invenção da agulha de mão. Tornou-se possível costurar pedaços de pele para moldá-los ao corpo.

Outras formas de vestir foram criadas e desenvolvidas, como por exemplo os egípcios, que usavam o linho para embalsamar seus faraós, tornando-o um dos tecidos mais nobres da história e logo o espalhando pela Europa por meio de comerciantes navegadores. Na Mesopotâmia o povo já criava ovelhas e carneiros para extração de lã, e a Índia e a Etiópia foram as pioneiras na plantação de algodão.

O descobrimento da seda na China é contado como uma lenda, em que uma princesa chinesa percebe que cai em sua xícara de chá um casulo. Este, ao entrar em contato com o calor do líquido, faz desprender-se o fio, deixando-a maravilhada com a descoberta e conseguindo depois de muitas tentativas tecer algo com aquela maravilhosa fibra.

Os tecidos são resultado do entrelaçamento de um ou mais fios têxteis e podem ser confeccionados a partir de fibras naturais, artificiais ou sintéticas, as quais apresentam características e qualidades específicas. Essa matéria-prima é fundamental para as criações dos estilistas e designers, que devem acompanhar os avanços tecnológicos da indústria têxtil e utilizá-la para desenvolver seus projetos ou coleções, com o fundamento no conforto e na usabilidade do vestuário.

Os tecidos tecnológicos são artigos que apresentam alta tecnologia mediante a alteração das propriedades naturais da fibra têxtil em qualquer etapa da produção, para melhorar a qualidade do produto final. Esses tecidos foram desenvolvidos, inicialmente, para as roupas esportivas ou para as usadas em climas rigorosos, no entanto atualmente são empregadas no vestuário de moda e também em uniformes.

As roupas antibactérias, que evitam a proliferação de micro-organismos como bactérias e fungos causadores de odor, e os tecidos inteligentes, que graças à nanotecnologia são capazes de responder a emoções e ações do usuário, são exemplos do progresso tecnológico e funcional dos artigos têxteis. A usabilidade é o princípio primordial para que novos tecidos surjam no mercado, e o cenário de escassez que a sociedade do período da Segunda Guerra Mundial viveu demonstra como as circunstâncias incentivaram pesquisas ligadas ao aprimoramento de fibras e tecidos que pudessem substituir a carência dos tradicionais produtos de fibras naturais, a lã e o algodão.

Atualmente, foi lançado o tecido 3D, direcionado às roupas esportivas. Essa tecnologia mantém uma camada de ar entre a pele do usuário e o tecido, característica que permite o frescor no verão (respirabilidade da pele) e conserva o calor do corpo no inverno. Outro setor que usa essa tecnologia é o especializado na produção de tecidos para uniformes de militares e bombeiros. No processo de tecelagem é inserida nesses tecidos a fibra sintética de aramida, conhecida como "kevlar", que é uma fibra muito resistente, apresenta leveza, é resistente ao fogo e é à prova de balas.

Além dessas aplicações, o mercado têxtil e de confecção utiliza essas características para agregar valor simbólico e qualidade às novas criações, o que satisfaz um público cada vez mais exigente e atento às melhorias do mercado.

Os tecidos inteligentes são tecidos que possuem componentes digitais da eletrônica e da computação embutidos em sua estrutura.

Sendo parte do desenvolvimento da tecnologia vestível, esses tecidos podem também ser denominados roupas inteligentes, por permitirem a adição de elementos tecnológicos às vestimentas usadas no dia a dia. Os tecidos eletrônicos não fazem uso completo da computação vestível, pois a ênfase é dada na integração sem costura entre o tecido e os elementos eletrônicos, como cabos, microcontroladores, sensores e atuadores.

O campo da integração entre fibras têxteis e componentes eletrônicos avançados é chamado de "fibertrônica".

Um dos pioneiros do desenvolvimento dos tecidos inteligentes é Rehmi Post, um cientista visitante do Center for Bitsand Atoms do MIT, que obteve seu M.Sc. no MIT Media Lab para o desenvolvimento do "e-broidery", um meio de embutir circuitos eletrônicos em tramas de tecidos laváveis. Exemplos de seu trabalho pioneiro nesse campo foram amplamente exibidos em coleções de diversos museus, incluindo um empréstimo de longo prazo para o Welcome Wing do Museu de Ciências de Londres.

2.7.1 Nanotecnologia

Existem algumas pesquisas científicas que começaram a ser desenvolvidas recentemente e cujos resultados representam grandes avanços e evolução para a humanidade como um todo.

Entre essas pesquisas e suas descobertas é possível citar a nanotecnologia, que é um tipo de ciência recente e desenvolvida eficientemente e com resultados econômicos bem satisfatórios.

Consiste na manipulação, caracterização, dispositivos, sistemas e materiais em grande escala. Essas propriedades normalmente são exploradas tendo como objetivo o controle de suas estruturas, aprendizagem do processo de fabricação e utilização do produto da melhor maneira.

Atualmente, mesmo com a quantidade de pesquisas realizadas na área, ainda não existe uma definição completa sobre a nanotecnologia, mas a credibilidade dada ao assunto é absoluta. Possibilita o trabalho desde a área alimentícia até a criação de nanorrobôs.

Não é possível, porém, presumir e datar o primeiro contato humano com a nanotecnologia e seus dispositivos. Mas sabe-se que, em 1959, o físico Richard Feynman ofereceu uma única palestra para a Sociedade Americana de Física e, durante esse evento, pôde-se compreender que era possível construir diversos tipos de materiais em nanoescala. Essa data passou a ser considerada o marco de origem do surgimento da nanociência e da nanotecnologia.

O assunto nanotecnologia abrange campos intermultidisciplinares. As pesquisas realizadas na área apresentam construções de bases de atividades promissoras e entusiasmam com possibilidades de grandes transformações industriais.

A sociedade como um todo já consegue observar os benefícios da nanotecnologia, mesmo que em pequena escala, porém ainda é necessário o desenvolvimento e oferta de produtos com custo-benefício melhor, para que assim possam existir materiais com impacto no futuro e acessíveis a todos.

A realidade atual ainda é formada por materiais com preço elevado no mercado e que não contam com estoque disponível. Porém, com o aumento dos investimentos públicos e privados e com o desenvolvimento de novos dispositivos a menores custos, será possível visualizar cenários com avanços significativos e avanço nos bens que serão comercializados com a nanotecnologia.

2.7.2 Tecidos que protegem a pele

O protetor solar sempre é o melhor aliado do praticante de esportes ou de qualquer pessoa que se exponha bastante ao sol. Até mesmo nos dias nublados o sol envia os raios solares e causa danos à pele. Contudo, isso não é prático. É necessário repor o produto ao menos a cada três horas. Para tornar a vida ainda mais prática é que surgiram roupas com proteção solar.

Essas roupas são confeccionadas com tecidos especiais que contam com o acréscimo de *fotoprotetores*, responsáveis por bloquear a passagem dos raios UVB e UVA. Esses raios nocivos não apenas queimam a pele como aumentam potencialmente as chances de desenvolver câncer de pele.

Há duas formas de produzir roupas com protetor solar. Uma delas é usar tecidos com base em dióxido de titânio, responsável por bloquear os raios nocivos de alta potência. A outra é acrescentar ao tecido comum alguns aditivos para proteger a pele dos raios solares. Igual ao primeiro modelo, esses raios não passam e você ainda usa um tecido tradicional que já conhece. Nesse segundo modelo, as peças são mais baratas.

A diferença do uso de tecido próprio com o acréscimo de substâncias para proteger contra o sol é a durabilidade da peça. Se o tecido for especial, ela dura bem mais. Se forem acrescidas substâncias, há uma quantidade de lavagens específicas para garantir a segurança.

A tecnologia de tecidos que possuem fator de proteção solar foi inventada pelos australianos e se popularizou por todo o mundo. A Austrália é campeã de produtos para proteger a pele, já que por lá o sol é considerado muito mais nocivo. Isso porque o país estão bem debaixo de uma grande fenda na camada de ozônio, e por isso o sol costuma atingir mais forte e parece bem mais nocivo. A tecnologia é boa e garante proteção. A proposta dos dermatologistas é não usar apenas a roupa, e sim continuar com o uso do protetor solar de confiança e com recarga periódica para garantir a proteção.

Nó mercado brasileiro, o artigo ainda está virando febre, mas em sites de roupas importadas dá para ver modelos bem bacanas para diversos usos. Há bodies completos para surfistas, camisetas com gola alta para pescadores, e o seu uso se dá principalmente em uniformes de atletas que atuam constantemente expostos ao sol, como por exemplo os jogadores de futebol. Algumas lojas já comercializam peças confeccionadas com o tecido, e organizações promotoras de corridas comercializam seus kits com camisetas que contêm proteção UVA e UVB.

Atualmente, segundo informativo do Instituto Nacional do Câncer (Inca), para prevenir o câncer de pele e proteger as pessoas dos danos causados pela exposição excessiva ao sol, é ideal o uso de peças de roupas que consistam em tons de azul, vermelho escuro ou preto. Assim, é possível absorver a radiação ultravioleta nos tecidos que apresentem essa coloração e/ou sejam tratados com substâncias inibidoras dos raios solares.

Atualmente, algumas malharias brasileiras já desenvolvem tecidos especiais para a prevenção do câncer de pele. Algumas ações foram propostas recentemente, como agentes comunitários de saúde alertarem a sociedade através do uso de uma camiseta feita de tecido tecnológico fabricado com fator de proteção ultravioleta (FPU).

Essas peças de roupa fazem parte de um conjunto de ações planejadas por oncologistas e profissionais que visam aumentar a disseminação da informação a respeito da cultura de prevenção do câncer de pele, diagnóstico precoce da doença e tratamento adequado.

Ainda de acordo com os grupos de pesquisa do Inca, o câncer de pele é o câncer mais frequente no Brasil, e corresponde a cerca de 25% dos tumores diagnosticados em todas as regiões. A maior causa da doença advém da radiação ultravioleta, responsável por 90% dos casos de câncer de pele no mundo.

Um tecido que possua FPS 50 reduz em 20 vezes a exposição à radiação ultravioleta. Para saber se o tecido possui FPS, é necessário buscar por essa informação na etiqueta da peça de roupa.

Existem diferentes tipos de tecido que têm como objetivo a proteção. De acordo com o tecido e seu processo de produção, quanto mais apertada for a trama do tecido, maior será a concentração de FPS. A quantidade de FPS será alterada de acordo com a cor correspondente. Por exemplo: um tecido branco de poliéster normalmente apresentará FPS 16, enquanto os de cores mais escuras, como o vermelho, apresentarão FPS 29 e os de cor preta, FPS 34. Tecidos claros absorvem pouco RUV (raios ultravioleta) e podem influenciar na disseminação dos raios ultravioleta, como, por exemplo, quando em contato com o tecido, fazê-los refletir em direção à face.

2.7.3 O benefício dos tecidos tecnológicos na área da saúde

De acordo com Araújo (2014), os materiais de origem têxtil vêm sendo aplicados na área da saúde com frequência crescente. Muitos deles apresentam elevadas qualidades no que se diz respeito a características físicas, estruturais e mecânicas. Algumas fibras são muito resistentes e apresentam flexibilidade, resistência e permeabilidade quando entram em contato com diversas superfícies e diferentes elementos.

Quando as fibras têxteis são utilizadas na área da saúde, a ideia principal é de que desempenhem diversas funções, levando em consideração a demanda que irão atender. Os exemplos mais comuns citados pelos pesquisadores são: monitoramento de pacientes, higiene, implantes e tratamento de lesões.

Os materiais que são produzidos especificamente para esse uso são normalmente beneficiados com superfícies bacteriostáticas, antivirais, atóxicas e antifúngicas. Apresentam ainda elevada absorção, normalmente são hipoalergênicas e respiráveis. Muitos deles são capazes de incorporar alguns tipos de químicas e medicamentos e utilizados para proporcionar conforto e recuperação.

Muitas pesquisas realizadas na área têxtil estão à procura da obtenção de matérias-primas que quando combinadas possam formar fibras inteligentes. Entre as peças do vestuário específicas da área de saúde estão: batas, máscaras, lençóis, cortinas, entre outros; e entre as aparelhagens que podem ser beneficiadas podem-se citar os cateteres e stents.

Muitos materiais têxteis são desenvolvidos e testados em necessidades específicas, apresentando influência nos resultados de desenvolvimento e evolução de pacientes. São utilizados normalmente em procedimentos cirúrgicos e pós-cirúrgicos.

Preferencialmente, dentro da engenharia têxtil, é comum optar por alguns tipos de "tecidos-chave" para o desenvolvimento de pesquisas. São eles: algodão, poliuretano, poliéster, viscose, fibras de alginato e polipropileno. Fibras bioabsorvíveis e fibras biodegradáveis, por apresentarem bons resultados, também têm sido utilizadas com frequência.

As fibras têxteis que são desenvolvidas para esse fim normalmente são aplicadas em materiais cirúrgicos destinados a cirurgias de implantes, para ligamentos e tendões; uso externo, como gesso, algodão, gazes, faixas e ataduras; dispositivos extracorporais e materiais de higiene.

É de extrema importância a abertura da área da saúde para a utilização das fibras no cenário hospitalar, pois proporciona e estimula o desenvolvimento de novos materiais e contribui para a evolução da tecnologia, beneficiando diretamente a medicina.

2.7.4 Tecidos tecnológicos para o dia a dia

Diante da impossibilidade de competir na fabricação de tecidos "commodities", ou tecidos correntes, com alguns países em processo de desenvolvimento, em consequência de mão de obra barata e a instalação de equipamentos e maquinários modernos, a alternativa da indústria têxtil dos países desenvolvidos se baseia em dois tipos de fabricação: os denominados tecidos *premium* e os de *tecnologia emergente*.

Os tecidos *premium* apresentam elevada qualidade, tanto por seu desenho quanto pelo tipo de materiais empregados, e os tecidos incluídos na categoria de *tecnologias emergentes* são tecidos com peculiaridades muito específicas, destinados à confecção de peças de uso interno e externo, esportivas, de uso militar, obtidas mediante o emprego dos tecidos inteligentes.

Existem duas formas principais de conseguir o efeito desejado no resultado final dos tecidos. A primeira delas é mediante o emprego das denominadas fibras inteligentes, e a outra, mediante a aplicação posterior de determinados compostos que apresentem os mesmos efeitos ou efeitos diferentes dos obtidos com as fibras inteligentes.

Uma fibra inteligente é aquela que pode reagir ante a variação de um estímulo: luz, calor, suor, ferida, entre outros. Por exemplo, uma fibra inteligente, ante a variação da intensidade de luz, altera sua cor; a outra, sensível ao suor, emite substâncias capazes de combater os efeitos deste.

Quando se fabrica um tecido com essas fibras, ele adquire as propriedades das fibras que o compõem e torna-se conhecido como "tecido inteligente". A grande maioria desses efeitos é obtida mediante a técnica de microencapsulação aplicada aos têxteis.

A microencapsulação é conhecida nos Estados Unidos desde 1968 e aplicada ao papel autocopiante, sem carbono, para formulários comerciais de páginas múltiplas. Posteriormente, em meados da década de 1980, se desenvolveu o que poderíamos considerar como a "comunicação olfativa", isto é, envoltórios perfumados para tornar conhecido um determinado perfume, sabonete, amaciante ou detergente.

A maioria dessas ações de marketing é realizada com tintas contendo microcápsulas, que, por sua vez, contêm um perfume que é liberado no momento oportuno. As microcápsulas também são aplicadas na fabricação de cosméticos, vinhos e cafés. Sua aplicação nos têxteis data do início da década de 1990.

A técnica da microencapsulação permite isolar os compostos ativos mediante uma membrana natural, biopolimérica, de forma esférica. As microcápsulas de aplicação aos têxteis costumam ter uma membrana de 1 nm de espessura, diâmetro de 5 a 20 nm e uma concentração de produto ativo entre 20 e 45%. O polímero usado pode ser de origem vegetal ou sintética. A natureza do material a ser empregado advém do tipo de técnica empregada para sua introdução na fibra e pelas condições do processo.

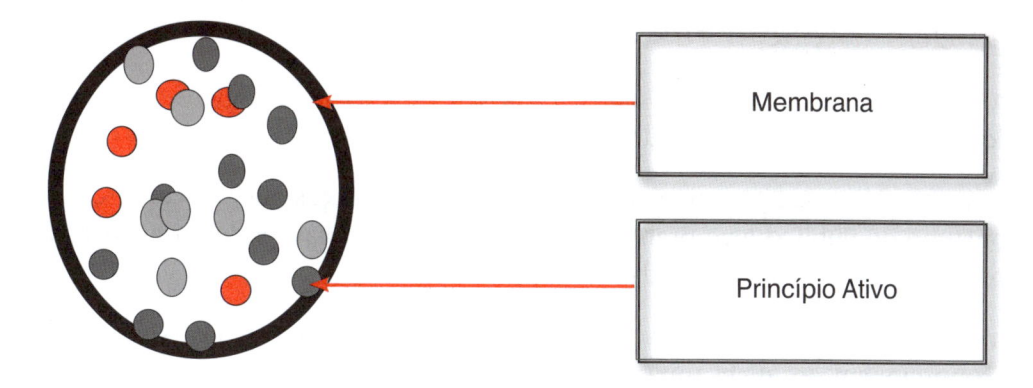

Figura 2.7 – Esquema de uma microcápsula.

Apesar de seu pequeno tamanho, as microcápsulas proporcionam uma área de aplicação relativamente grande, o que permite uma liberação uniforme e adequada dos princípios ativos. O produto ativo encapsulado se libera seja por ruptura da membrana, seja por difusão lenta e progressiva através da membrana, dissolução lenta do polímero da membrana, atrito ou biodegradação.

Os métodos para a obtenção das microcápsulas são muito variados. Alguns deles são: separação de fase, lipossomas e vesículas de agentes ativos, interfacial e polimerização em diferentes formas.

As microcápsulas podem ser aplicadas aos têxteis por foulardagem, pulverização ou por esgotamento em uma solução, sem alterar seu comportamento nem sua cor. Em qualquer desses casos é necessária a utilização de um agente fixador, que pode ser acrílico ou poliuretano, cuja missão é fixar a microcápsula no têxtil para que esta não seja eliminada durante a lavagem.

O princípio ativo contido na microcápsula é eliminado sobre a pele mediante o atrito ou pela deformação do tecido durante seu uso.

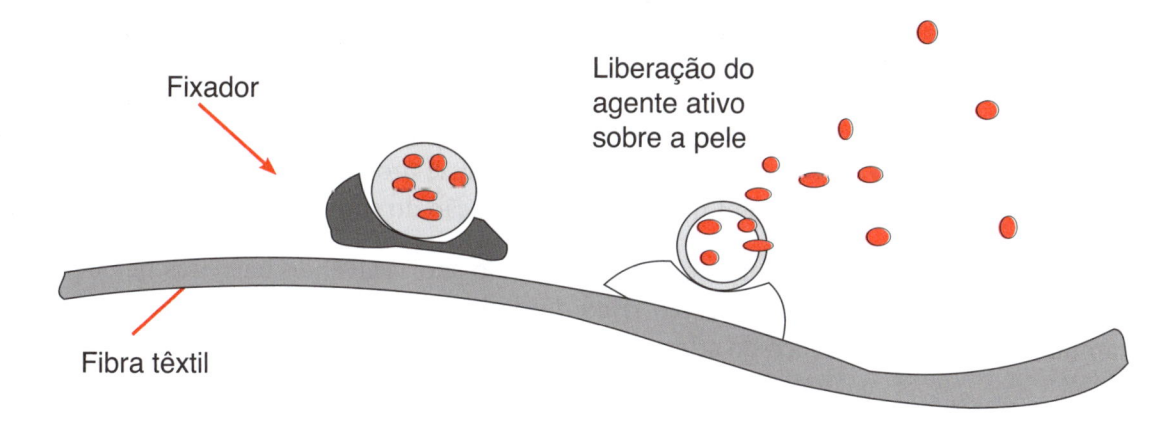

Figura 2.8 – Forma de atuação das microcápsulas.

2.7.5 Tecidos inteligentes no esporte

De acordo com a Obbia, marca especialista em tecidos tecnológicos, através de pesquisa recente, pode-se observar o uso dos tecidos inteligentes no esporte.

A pesquisa nos diz que a tecnologia, quando aplicada em peças que são comercializadas com o intuito de consumo do público-alvo praticante de técnicas esportivas, pode ser analisada de três formas diferentes: através da fibra, do fio e da sua estrutura.

O avanço e o crescente desenvolvimento da tecnologia voltada para os acessórios com fins esportivos proporcionam ao atleta uma facilidade para se beneficiar com determinados produtos que oferecem vantagens e diferenciais relacionados ao desempenho. No mercado atual de moda, é possível encontrar diferentes produtos comercializados dentro desse nicho específico, como calçados esportivos, roupas para compressão, óculos, palmilhas, entre outros produtos.

As marcas especializadas em comercializar esse tipo de produto oferecem diversos tipos de roupas específicas para o tipo de atividade a ser trabalhado por cada atleta, assim como essas roupas são direcionadas de acordo com seu gênero e ambiente comum de realização. Até mesmo um tipo específico de esporte pode necessitar de diferentes tipos de roupas, levando em consideração principalmente as mudanças climáticas.

De acordo com a roupa que o atleta está vestindo, é possível que aquele tecido ou material influencie diretamente na performance e nos resultados apresentados por ele. A roupa sempre deve proporcionar regulação de temperatura do corpo do atleta quando comparada ao ambiente externo e oferecer evaporação rápida do suor através do tecido. Esse é um ponto que também contribui para o desenvolvimento do atleta.

Alguns países possuem temperaturas climáticas muito altas, como o Brasil, onde o conforto térmico passa a ser um assunto de interesse geral. A indústria têxtil, munida de tecnologia, já desenvolve pesquisas em busca de um tecido que, além de cumprir a função de proteção contra os raios solares, possa apresentar características adequadas relacionadas à perda de calor.

Tais tecidos são desenvolvidos com o objetivo de se criar uma espécie de segunda pele. O problema ainda encontrado no processo de desenvolvimento desse produto está associado à dificuldade que os tecidos possuem ao responderem no teste de evaporação do suor.

O que efetivamente resfria o corpo é a evaporação do suor. Havendo barreiras nesse processo, o corpo produz taxa maior de sudorese e o risco de desidratação supera a normalidade, prejudicando também o desempenho físico do atleta.

Dentro da gama de tecidos oferecidos e direcionados a essa área podem-se citar os seguintes: *play dry*; *climalite*; *dry-fit*; *dry action*; *sphere*, *sphere dry* e *sphere cool*; *clima fit*; *cool max*; *lycra power*; *supplex*; *hidro breath* e *power stretch*. Estes são classificados, dentre tantos outros, como os principais:

» *Play dry:* consiste na união inteligente do poliéster com o Spandex, produzindo um material que repassa rapidamente a umidade da pele para a camada exterior do tecido, tornando-o seco e mais confortável.

» *Climalite:* produtos com tecidos de textura leve e respirável, mesmo em situações em que a sudorese é mais intensa. Ajuda a controlar a transpiração.

» *Dry fit:* tecnologia que, através de construção texturizada e tridimensional, pretende controlar a umidade, fazendo com que ela não entre em contato com a pele e transportando-a para a camada externa do tecido.

» *Dry action:* essa tecnologia produz tecidos de alta transpiração, visando garantir o controle térmico do esportista. Através de sua estrutura especial, elimina o suor rapidamente.

» *Sphere, sphere cool e sphere dry:* são tecnologias usadas durante a estruturação tridimensional do material têxtil e da peça de vestuário com "espaços para o ar", os quais dificultam o contato da peça com o corpo, otimizando a circulação de ar.

» *Clima fit:* é extremamente leve, possui tecnologia impermeável e protege o corpo contra o vento e o frio. O tecido foi desenvolvido para atividades físicas realizadas durante dias mais frios (com a incidência de neblina e vento), prezando o conforto do atleta.

Vamos recapitular?

Neste capítulo aprendemos um pouco sobre o começo do processo de evolução tecnológica da costura, com o surgimento das máquinas de costura, traçando a evolução desde o período primitivo até os dias atuais.

Foi possível aprender um pouco mais sobre os tecidos, tecidos planos e malhas, e aprender também a respeito da nanotecnologia e o surgimento de novos substratos têxteis.

Agora é necessário demonstrar, através das atividades, o que conseguimos assimilar com o capítulo. Vamos recapitular também através delas.

Agora é com você!

1) Crie uma redação na qual você possa explicar as diferenças de utensílios usados para costura. Cite exemplos compatíveis, listando desde a agulha feita com ossos de animais, chegando até as máquinas atuais.

2) Faça uma dissertação de no mínimo 20 e no máximo 40 linhas explicando a trajetória e a evolução da costura.

3) Trace o período evolutivo dos tecidos, desde os primórdios até os tecidos atuais. Especifique também o maquinário utilizado na confecção desses últimos.

4) Explique o que são tecidos tecnológicos.

5) Cite as principais áreas em que os tecidos tecnológicos podem ser utilizados e seus benefícios.

3

Tecnologia da Confecção

Para começar

Este capítulo abrange o conceito e a história da tecnologia da confecção. Será possível aprender um pouco sobre o funcionamento de maneira geral de uma indústria de confecção, normalizações, tipos de peças e as principais diferenças encontradas nas peças confeccionadas para varejo e para atacado.

Tecnologia da confecção é o conhecimento técnico e científico e constitui as ferramentas, os processos e materiais criados e utilizados a partir desse conhecimento empregado na indústria de confecção. Constitui o produto final da cadeia produtiva do vestuário.

Esse conhecimento servirá de base para desenvolver uma visão crítica sobre os principais processos e produtos executados na indústria de vestuário, a fim de operacionalizar da parte prática.

Segundo Andrade Filho e Santos (1980), no período de 1900 a 1925 houve uma mudança na indústria de confecção: da confecção feita à mão passa-se, gradativamente, para a confecção industrializada.

Um dos fatores que contribuíram para essa mudança foi a introdução da divisão de trabalho. Isto é, a confecção de um artigo, que antes era realizada de uma só vez, a partir da divisão de trabalho passa ser executada em diferentes operações, fazendo com que cada uma delas fosse realizada por um operador, numa determinada máquina especializada.

Nos EUA havia um grande campo para roupas feitas em massa. As grandes distâncias geraram a possibilidade de se reproduzir e vender roupas em grande quantidade, tanto de modelos quanto de tamanhos, e para os diferentes centros.

Entre os anos 1920 e 1930, houve mudanças importantes na indústria das roupas, que conseguiu traduzir as medidas masculinas e pessoais para um padrão de roupa feita em fábrica.

Nessa década iniciou-se a era de sistemas, em que vários sistemas foram introduzidos, aperfeiçoando, assim, o trabalho em si, o fornecimento de serviços e o controle de processamento do trabalho, o que culminou num aumento de eficiência e produtividade. Os padrões de produção alcançados em 1940 foram tão além da expectativa que foi introduzida uma faixa de valores completamente novos para os padrões de trabalho.

A moda da classe média também se desenvolveu em estilos próprios diferentes e com boa qualidade. Nos anos 1940, a produção de roupa barata e atraente estava cada vez mais ligada ao desenvolvimento de métodos de fabricação modernos que envolviam rapidez, estilo, qualidade e preço.

No período de 1940 a 1950, a engenharia industrial começou a influenciar as práticas e os procedimentos usados na indústria de confecção. Pela primeira vez, as fábricas começaram a adotar métodos científicos para resolver as tarefas de gerência industrial. Entre outras, pode-se citar a de layout, estudo de tempos, incentivos, métodos, desenvolvimento de postos de serviço, planejamento e produção, cronogramas e controles.

Ao mesmo tempo, os fabricantes de equipamentos reconheceram a importância de fabricar máquinas de costura com maior velocidade e, ainda, outros tipos de equipamentos mais especializados. Com todos esses aperfeiçoamentos, o desempenho nas fábricas melhorou muito, resultando em novos aumentos de produtividade.

Durante a década de 1950, com o fim do período de guerras mundiais, houve uma melhoria nas condições de vida e, com isso, o crescimento de uma sociedade consumidora. Outro fator que contribuiu enormemente para o desenvolvimento da industrialização de roupas foi o surgimento do mercado voltado aos jovens estudantes.

Em meados da década de 1960, quase metade das roupas industrializadas era destinada à faixa etária de 15 a 19 anos de idade. Essa mudança nos hábitos de consumo da juventude foi um fenômeno de moda e ocorreu inicialmente na Inglaterra, o que fez com que o desenho de moda inglês para o mercado de massas começasse a liderar o resto do mundo.

De acordo com Andrade Filho e Santos (1980), a partir de 1950 tornou-se difícil conseguir aumentos de eficiência por meio de sistemas e maquinários, e com o advento da pesquisa de produção veio a era dos dispositivos mecânicos e dos apetrechos, hoje comuns na indústria de confecção.

O objetivo era sempre o mesmo, isto é, eliminar, tanto quanto fosse possível, as atividades manuais envolvidas na execução de uma operação. Os resultados atingidos foram bastante significativos, os padrões de produção nas operações afetadas aumentaram de 20 a 25%.

O histórico que ora acaba de ser apresentado refere-se ao desenvolvimento ocorrido nos Estados Unidos e na Europa. Com relação ao Brasil, pode-se dizer que, durante um período, o país se manteve defasado dos grandes centros industriais. Mais tarde, a partir da transmissão de toda a experiência acumulada no exterior, passou ao que se pode chamar de fenômeno do progresso acelerado, saltando-se de um desenvolvimento ocorrido em décadas para um em meses.

Segundo o Sindicato do Vestuário do Estado de São Paulo (2010), a indústria do vestuário é uma das mais antigas e tradicionais do Brasil, e é um dos marcos do próprio início da industrialização do país. No ano de 2008 eram mais de 20.000 indústrias formais no Brasil, que faturaram, nesse ano, mais de 34 bilhões de dólares, cerca de 40% dos quais, pela carga tributária do Brasil, foram recolhidos como impostos.

De acordo com o Sindivestuário (2010), são mais de um milhão e trezentos mil trabalhadores ocupados na produção anual de seis bilhões de peças, trabalhadores que, considerando os desdobramentos subsidiários na comercialização dos produtos, chegam a quatro milhões de pessoas, espalhadas pela rede de comércio e varejo de todo o Brasil.

Segundo Andrade Filho e Santos (1980), quando se fala em confecção, associa-se logo a ideia de vestuário, que é sinônimo de roupa. Porém, a indústria de confecção também é responsável pela confecção de cortinas, lenços, artigos de cama, mesa e banho, entre outros.

Existem indústrias que, embora se utilizem dos conhecimentos da indústria de confecção, não podem ser consideradas como de confecção. É o caso, por exemplo, das indústrias de calçados, bolsas, chapéus, barracas, guarda-chuvas, estofados e forrações. A utilização de costuras em tecidos, a necessidade de escolher o tipo de ponto mais apropriado para o tecido, a linha e a finalidade do produto, o uso de risco e corte são operações de confecção utilizadas por essas indústrias.

Com isso, pode-se verificar que o objetivo primordial da indústria de confecção é a produção de roupas e a produção, em menor escala, de cortinas, lenços e artigos de cama, mesa e banho. Tem ainda como objetivo auxiliar indiretamente as indústrias que se utilizam de tecidos como matéria--prima, através do empréstimo de sua tecnologia – principalmente em risco, corte e costura. Resumindo, a confecção dá forma aos tecidos, possibilitando a utilização direta do produto final por parte do consumidor.

3.1 Normalização da indústria têxtil e de confecção

Para falar sobre normalização é necessário consultar os órgãos responsáveis por esse tipo de trabalho. Através de algumas pesquisas bibliográficas é possível compreender que a Associação Brasileira de Normas Técnicas (ABNT) se enquadra como uma das principais para servir como base de referência e orientação para a confecção desta parte do capítulo.

De acordo com a ABNT, o uso de determinadas normas e regras indicadas conforme os setores disponíveis otimiza a técnica da produtividade. A produtividade assegura à empresa o trabalho assertivo desde a sua primeira tentativa.

Porém, algumas empresas possuem dificuldades em seguir seus meios de trabalho conforme o que as normalizações exigem, como dificuldades em obedecer regras, correndo riscos de trabalhar com altíssimas margens de erros e de ser multadas em virtude de suas ações inconsequentes.

As empresas que costumam aplicar as normas e regras e adequar essa rotina no seu dia a dia têm como retorno a qualidade alcançada, a melhoria na produção de bens e serviços e o consequente retorno da clientela, que em virtude do bom atendimento cria o hábito de fidelização à marca, comprando cada vez mais e evitando reduções no número de devoluções e rejeição de produtos, trazendo prejuízos financeiros e difamação para a marca.

Seguir as normas permite à empresa que o serviço oferecido por ela seja sempre realizado de maneira correta, obedecendo a parâmetros e limites conhecidos, evitando perdas e satisfazendo o consumidor final.

3.1.1 Por que é necessário que a indústria de confecção seja normalizada?

Ainda de acordo com a consulta realizada à ABNT, é possível observar que ao pesquisar as normas disponíveis para confecções as empresas normalmente têm as mesmas dúvidas quanto às normas que são específicas para têxteis e as que são específicas para confecção.

Essas normas são diferentes. As normas voltadas para têxteis indicam as fibras que compõem um tecido e as fibras encontradas na formação de linhas e fios.

No segundo grupo de normas é possível citar as normas adotadas para os tecidos, que vão desde os limites impostos no momento do tingimento, passando pela resistência e chegando até à tração do tecido. Essas asseguram a construção correta desse tecido e a distribuição para o consumidor final.

No grupo de normas de medidas do corpo e regras de costura é possível se deparar com um conjunto de bases técnicas para aplicação de diferentes itens em um produto, incluindo os resultados voltados para o desempenho e conforto e principalmente a durabilidade da peça.

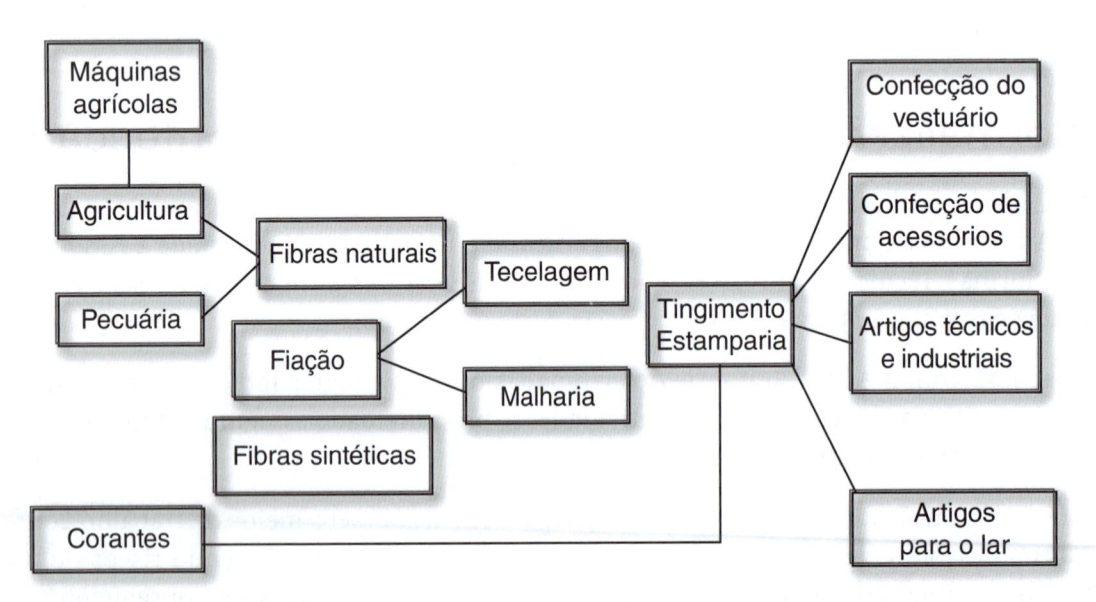

Figura 3.1 – Fluxo de produção da fibra à confecção.

O recebimento da matéria-prima representa o fluxo de produção de uma confecção. Após isso são feitos o controle e a avaliação. Os tecidos, quando não fabricados na própria fábrica, são, na maioria dos casos, obtidos por intermédio de algumas empresas fornecedoras de produto. No momento do recebimento da peça os responsáveis pelo setor observam se a peça está enquadrada nas normas de largura, comprimento, defeitos e encolhimento. Essa ação preventiva garante resultados futuros positivos.

Depois do processo de recebimento do tecido, a segunda etapa consiste no corte. Normalmente o processo se inicia na recepção da peça de tecido revisada e encaminhamento para enfesto e consequente corte.

No departamento de corte, é preciso contratar profissionais que entendam das normas de defeitos em tecidos e malhas, assegurando a prevenção estética e ergonômica da peça e evitando problemas relacionados a esse processo.

Quando o tecido é encaminhado para o setor de costura, mais detalhes deverão ser observados a fundo, como: o tipo de linha que será utilizado, o tipo de agulha, o tipo de costura escolhido e o tipo de ponto. Esses detalhes servirão como base para orientação do costureiro e garantia da qualidade e apresentação do produto ao consumidor.

Após ser costurado, o produto passará pelo departamento de aviamentos, obtendo os complementos ideais e favoráveis à qualidade do produto.

Após esse processo é a hora do setor de finalização do processo, em que serão observados fatores como limpeza e estado de passadoria da peça. Nesse caso as normas aplicadas são as que visam evitar perdas e desperdícios, associando produção e normalização.

3.1.2 Tecidos

No departamento de tecidos, no momento em que as peças são recebidas, os funcionários responsáveis pelo departamento deverão conferir não apenas a quantidade de rolos de tecido que receberão, mas principalmente a qualidade de cada uma das peças, os itens que correspondem à qualidade de cada um deles e os itens de regularidade metrológica, que compreendem as medidas de comprimento e largura.

Ainda de acordo com a ABNT, a norma NBR 10589 pode ser utilizada na medida do tecido plano ou da malha. A norma explica que para medir a largura do tecido é preciso deixá-lo em repouso durante o período mínimo de 8 horas e após isso medi-lo com o auxílio da fita métrica. O modo correto de medir o tecido é através da medida sobre o tecido. Nunca se deve esticar o tecido no ato da medição, pois isso pode alterar significativamente a medida.

Um fator que influencia muito na modelagem é a programação do encaixe dos moldes. Essa programação é essencial, pois, além de influenciar no custo da produção, pode servir como otimizador do processo.

A ABNT disponibiliza a norma ABNT NBR 12005 para que sejam aplicadas todas as regras voltadas para o comprimento do tecido. Normalmente, muitas empresas de confecção medem o tecido com a máquina revisadeira, que serve para revisar a qualidade do tecido e a metragem recebida. É de extrema importância que o medidor da reviseira esteja sempre calibrado, para que se consiga atingir a medida exata.

Diferentemente dos tecidos planos, a comercialização da malha normalmente se dá por peso. A quantidade exata de tecido só é conferida após a pesagem.

A Portaria nº 149, de 2011, do Conselho Nacional de Metrologia, Normalização e Qualidade Industrial (Conmetro), estabelece tolerâncias de medidas. De acordo com essa portaria, a tolerância estabelecida para esse tipo de medição é de 2%.

O Conmetro explica que a Portaria nº 149 funciona como este exemplo: um tecido que meça 1,40 m pode apresentar diferença de 2,8 cm a menos ou a mais, e, mesmo que seja comercializado com a largura-padrão de 1,372 m, ainda estará dentro da tolerância. Em casos específicos, em que a medida exigida deve ser precisa, a tolerância é combinada entre o comprador e o fornecedor previamente.

3.1.2.1 Qualidade do tecido

Anteriormente, foi possível observar que o tecido deve obedecer à normatização através das características de quantidade, mas, além desta, é necessário que o tecido obedeça também às normas de recebimento, tanto em relação aos defeitos que eventualmente possam constar no recebimento do mesmo, quanto ao processo de maneira geral.

Quando o comprador e o fornecedor conhecem a nomenclatura dos defeitos, é mais fácil se comunicar e agilizar o atendimento.

Na norma ABNT NBR 13378 – Tecidos Planos – Defeitos – Terminologia, consta a descrição de inúmeros tipos de defeitos que podem ser encontrados nos tecidos planos, devidos ao tipo de fibra-base , à formação dos fios, à forma de tecimento e a processos de beneficiamento têxtil, como tingimento ou estamparia do tecido.

No caso das malhas, diferentemente dos tecidos planos, a norma ABNT é a NBR 13175 – Materiais Têxteis – Defeitos em Tecidos de Malha por Trama.

As normas que foram citadas anteriormente servem especificamente para identificar como são esses defeitos e permitir a melhoria da comunicação entre as duas partes, fornecedores e compradores.

Para que se facilite o trabalho de identificação desses defeitos é necessário que eles sejam quantificados, através da metragem ou do percentual, e para que isso seja feito com precisão há dois tipos de normas: a NBR 13484 – Tecidos Planos – Método de Classificação baseado em inspeção por pontuação de defeitos e a NBR 13461 – Tecido de Malha por Trama – Determinação do percentual de defeitos.

Além dessas, existem normas para classificar o tecido como de primeira qualidade: a ABNT NBR 13484 classifica o tecido como de primeira qualidade se este apresentar até 35 pontos em 100 m².

No caso da malha, não sendo possível contabilizar pontos, não existe um percentual estabelecido de defeitos por m², portanto este deverá ser estabelecido no momento da negociação entre o comprador e o fornecedor.

Se o comprador sempre avaliar a matéria-prima no ato do recebimento, ele evitará problemas futuros. É função dele também controlar a gramatura do tecido: ela permite o cálculo do peso linear do tecido, em gramas, facilitando a conferência da metragem e permitindo o cálculo do rendimento, determinando a quantidade de metros lineares ou de metros quadrados em um quilo de tecido.

Através da gramatura, é possível identificar ainda se o tecido é leve, médio ou pesado, facilitando a escolha da linha e da agulha ideais para a costura.

3.1.2.2 Ficha técnica na normalização

O objetivo de uma ficha técnica é a definição técnica de um modelo para seu determinado departamento.

As informações contidas em uma ficha técnica são todas as pertinentes ao processo de produção, como: desenho técnico, matéria-prima, modo de produção, aviamentos, tipo de fibra encontrada no tecido, entre outros.

Uma única ficha técnica atende às necessidades de diferentes setores, como por exemplo: modelagem, gradação, encaixe, enfesto, corte, costura e produção. Esses departamentos só conseguem cumprir com exatidão essas etapas de produção através dessas informações.

Todos os detalhes contidos em uma ficha técnica permitem a informação completa para a produção de uma peça, que será confeccionada de acordo com um padrão estabelecido no setor de desenvolvimento de produto.

Durante o processo de produção e conferência da ficha técnica, esta deve atender às normas de elaboração de fichas técnicas, que permitirá evitar erros como referências trocadas, quantidade de matéria-prima diferente da preestabelecida, falha na determinação de orçamentos, entre outros.

As normas possibilitam aos empresários regularizações com as legislações vigentes e veracidade nas informações contidas em etiquetas de roupas e outras peças confeccionadas.

Para isso, a norma ABNT NBR NM ISO 3758 estabelece um favorável sistema de símbolos gráficos. Estes são usados em artigos têxteis, fornecendo informações que visam à prevenção de danos irreversíveis para o artigo têxtil durante os processos de cuidado com as peças.

As normas visam principalmente à comunicação com o consumidor final, que precisa de informações e na maioria das vezes não consegue um canal de comunicação direto com a empresa para seu atendimento exclusivo ao cliente nem encontra etiquetas com informações sobre tratamentos de conservação da peça como limpeza, lavagem, passadoria e secagem.

Essa é a forma mais eficaz de garantir durabilidade ao produto, gerando confiabilidade e segurança, traduzidas na imagem da marca e induzindo os consumidores à fidelização.

3.1.2.3 Etiquetagem

Para falar sobre todas as normas voltadas para etiquetagem, também foi necessária a consulta à ABNT. O que a Associação nos diz a respeito da Lei das Etiquetas na Indústria Têxtil é que esta se faz ativa desde a década de 1970. A lei tem como objetivo principal informar o consumidor de maneira completa e garantir uma concorrência justa entre as empresas que comercializam esse tipo de produto. É aplicada tanto em assuntos que tratam da fibra quanto em assuntos relacionados à confecção.

O fato de essa lei ter sido implementada na década de 1970 condiz com o surgimento de muitas fábricas que produziam fibras químicas, tornando a novidade um produto desejado pela sociedade, mas ao mesmo tempo cercado de dúvidas voltadas a ele. A principal delas era se o produto era de origem pura ou mista.

Dentre os principais perfis de consumidores, foi possível identificar o da dona de casa da época, que estava atenta às novidades e sentia necessidade de encontrar conforto traduzido em roupas de cama de secagem e passadoria fáceis; ou o perfil de consumidor do homem que precisava encontrar maior conforto e ergonomia nas camisas que utilizava para trabalhar e para comparecer a eventos sociais, com a fibra de casimira pura atendendo às suas expectativas.

Ainda era muito difícil para o consumidor encontrar uma maneira prática de identificar qual era a composição química daquele tecido. A única forma de saber se a fibra componente daquele tecido era pura era através de fios isolados, que ao queimarem identificavam a pureza ou não da fibra. A implementação da etiquetagem têxtil visava contribuir para que o consumidor pudesse saber de maneira prática quais eram os componentes têxteis presentes naquela peça.

O Instituto Nacional de Metrologia, Qualidade e Tecnologia (Inmetro) e o Instituto de Pesos e Medidas do Estado de São Paulo (Ipem-SP) foram os responsáveis pela fiscalização do trabalho têxtil. Esses órgãos perceberam a necessidade de atualizar a primeira portaria ligada ao assunto e inserir novas tecnologias têxteis e características de etiquetagem, adequando o que seria descrito no produto e na embalagem, o que gerou novas resoluções.

A necessidade da implementação da Lei das Etiquetas se dava principalmente pelo esclarecimento da composição de fibras encontradas naquela peça ou produto. As normas orientavam produtores, laboratórios e responsáveis pela fabricação desses produtos para que indicassem a composição, a identificação e análise quantitativa das fibras. Ensaios químicos detectavam o percentual dos materiais têxteis.

Após a unificação comercial do Mercosul, foi preciso verificar os parâmetros técnicos de cada país participante e manter exigências comuns entre eles. Países como Argentina, Uruguai, Paraguai, junto ao Brasil, se reuniam constantemente a fim de unificar essas exigências para artigos têxteis.

A exigência de adequação e padronização da etiqueta se deu em 2001, tendo o presidente do Inmetro estabelecido o prazo de 180 dias para essa adequação, com o prazo máximo de 13 de dezembro de 2001 para adequação da etiqueta.

Essa medida resultou na indicação precisa da composição de fibras e na obrigatoriedade de a empresa declarar quem produziu ou importou o produto têxtil, além do dever de especificar dados como: CNPJ, identificação fiscal, indicação de país de origem, identificação de tamanho e símbolos de cuidado e conservação da peça.

Diversos canais agiram no intuito de apoiar a ação através da divulgação. A mais eficaz dessas foi a criação da Cartilha sobre Etiquetagem, lançada pela Associação Brasileira da Indústria Têxtil e do Vestuário (Abit) em setembro de 2001.

Todas as empresas que tiveram que se adequar à nova exigência fizeram a solicitação de ampliação do prazo para adequação, alegando principalmente que os setores que confeccionam peças do vestuário e as ofertam no comércio teriam maior dificuldade em reetiquetar os produtos sem depreciar sua qualidade em um prazo tão curto.

Após essa solicitação, o Inmetro tomou a decisão de prorrogar a adequação das normas de dezembro de 2011 para abril de 2002, data que não atendeu às necessidades desses fabricantes, em virtude de as peças existentes nos estoques ainda não terem sido vendidas totalmente. Assim, foi concedida uma nova data, e exclusiva para os materiais que comprovadamente constavam nos estoques. O prazo foi de abril de 2002 a outubro de 2003.

A nova resolução apresenta inúmeras vantagens, como por exemplo: garantia de concorrência leal no mercado; esclarecimento das diferenças têxteis encontradas em determinadas peças da cadeia produtiva; esclarecimento do consumidor; transparência da empresa com o consumidor.

3.1.2.4 Concorrência leal no mercado

As únicas empresas que podem atuar formalmente são as que possuem razão social e CNPJ. Essas são obrigadas a responder à altura e manter a legalidade de uma empresa estabelecida.

Essa lei possibilitou a transparência e lealdade do fabricante para o cliente. Essa declaração de características do produto têxtil, além de esclarecer a composição do produto, elucida o consumidor quanto ao tipo de produto ofertado por cada empresa e os tipos de fibras que contém cada um dos produtos, bem como facilidades de cuidados e conservação.

3.1.2.5 Esclarecimento para toda a cadeia produtiva

Quando existem novas exigências na área da normatização, todas as áreas são impactadas diretamente, como por exemplo: a fibra, cuja função é a de proteger as fiações; os fios, que atendem as malharias e tecelagens planas; as linhas de costura. Todas as informações contidas nesses itens devem obrigatoriamente ser verídicas, sob pena de infrações gravíssimas.

3.1.2.6 Esclarecimento ao consumidor

A normatização visa em primeiro lugar ao esclarecimento do consumidor. No subitem anterior foi possível observar isso através da especificação da Lei das Etiquetas, em vigor desde a década de 1970.

Esse tipo de informação facilitou o dia a dia de magazines e lojistas de forma geral, observando os critérios utilizados pelo consumidor ao fazer compras. Um exemplo comum é: "Gosto muito de usar camisas sociais que tenham fibras sintéticas na maior parte da sua composição, porque esse tipo de tecido não amassa fácil" ou "As camisetas que costumo consumir têm em sua composição 100% de algodão, o que é melhor do que as mistas, porque não formam bolinhas com o tempo de uso."

Esse tipo de informação serve para esclarecer o consumidor em relação aos cuidados de preservação da matéria-prima do produto, indicando quais cuidados devem ser tomados e como se proteger ao comprar produtos têxteis que exijam cuidados extremos e condições de conservação e lavagens não simples e impossíveis de serem executados de maneira doméstica.

Por isso é muito importante que a simbologia de cuidados informada na etiqueta da peça seja correta e coerente com a composição têxtil do produto. Além dos símbolos, ela pode ser expressa também através de textos escritos ou dos dois, símbolo acompanhado de texto.

A colocação somente do símbolo cumpre a resolução de maneira legal e otimiza espaço na etiqueta, que pode ser menor e mais discreta na peça. É ideal que para que o consumidor consiga se acostumar com a simbologia venha um explicativo impresso e escrito junto da peça, para esclarecê--lo sobre o cuidado que deverá tomar com a peça.

3.1.2.7 Lealdade empresa x consumidor

A etiqueta representa um documento, como uma ficha de nascimento do produto que está sendo fornecido. Indica a razão social da empresa, o CNPJ, a composição do produto e os principais cuidados que se deve tomar, como recomenda o Código de Defesa do Consumidor.

As etiquetas antigas, aquelas que existiam antes de a Lei das Etiquetas vigorar, disponibilizam pouca informação, como por exemplo: "lavar com sabão neutro", mas sem dizer qual o tipo de sabão que deveria ser utilizado; "enxaguar bem", mas sem dizer o número necessário de enxágues para aquele determinado tipo de fibra; ou ainda "usar ferro morno no momento da passadoria", mas a temperatura vai depender muito do tecido que esteja sendo passado, e em alguns casos o morno se torna muito quente ou quase frio, principalmente em função da gramatura do tecido.

O fabricante só se viu interessado em cumprir essas normas após o índice de reclamações aumentar, pela medida tomada pela ISO 3758, que impôs que as indústrias fabricassem produtos cuja etiqueta apresentasse objetividade nas informações.

O mais importante em uma etiqueta é a informação fácil de esclarecimento para que aqueles cuidados e orientações possam ser reproduzidos no dia a dia.

O consumidor pode ser esclarecido através de diversos canais, como por exemplo: tag da peça, folhetos, manual de informações, entre outros. Esses instrumentos servem como base para se compreender com maior facilidade o significado de cada um desses símbolos, para conservação da peça da melhor maneira e garantia da satisfação do cliente.

Porém, por mais que as informações que devem constar na etiqueta sejam padronizadas, é necessário que as etiquetagens também o sejam. O Conmetro apresentou a Resolução nº 2, vigente desde 2008, que serviu para as confecções como base para definição da apresentação dos seis principais seis itens ao consumidor, sendo essas informações concentradas em uma etiqueta ou em várias delas.

As etiquetas podem ser apresentadas de diversas formas, como: com as informações feitas na técnica da serigrafia; técnica do bordado; técnica jacquard; técnica da estamparia, todas aplicadas diretamente na peça acabada.

Todas as etiquetas devem declarar os seguintes itens: razão social ou marca do fabricante; CNPJ do fabricante; país de origem; composição das fibras componentes do produto têxtil; tamanho da peça; cuidados de conservação com a peça, normalmente expressos através de símbolos ou textos explicativos.

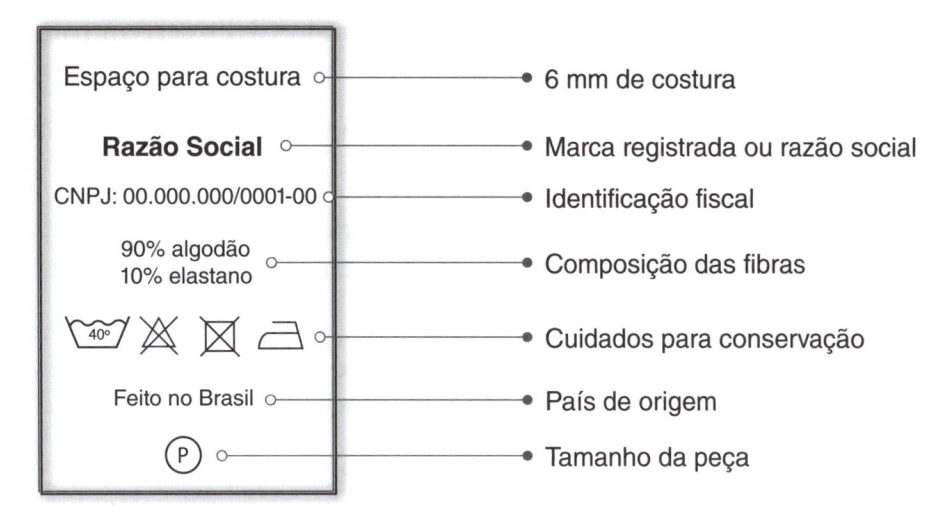

Figura 3.2 – Modelo de etiqueta de composição.

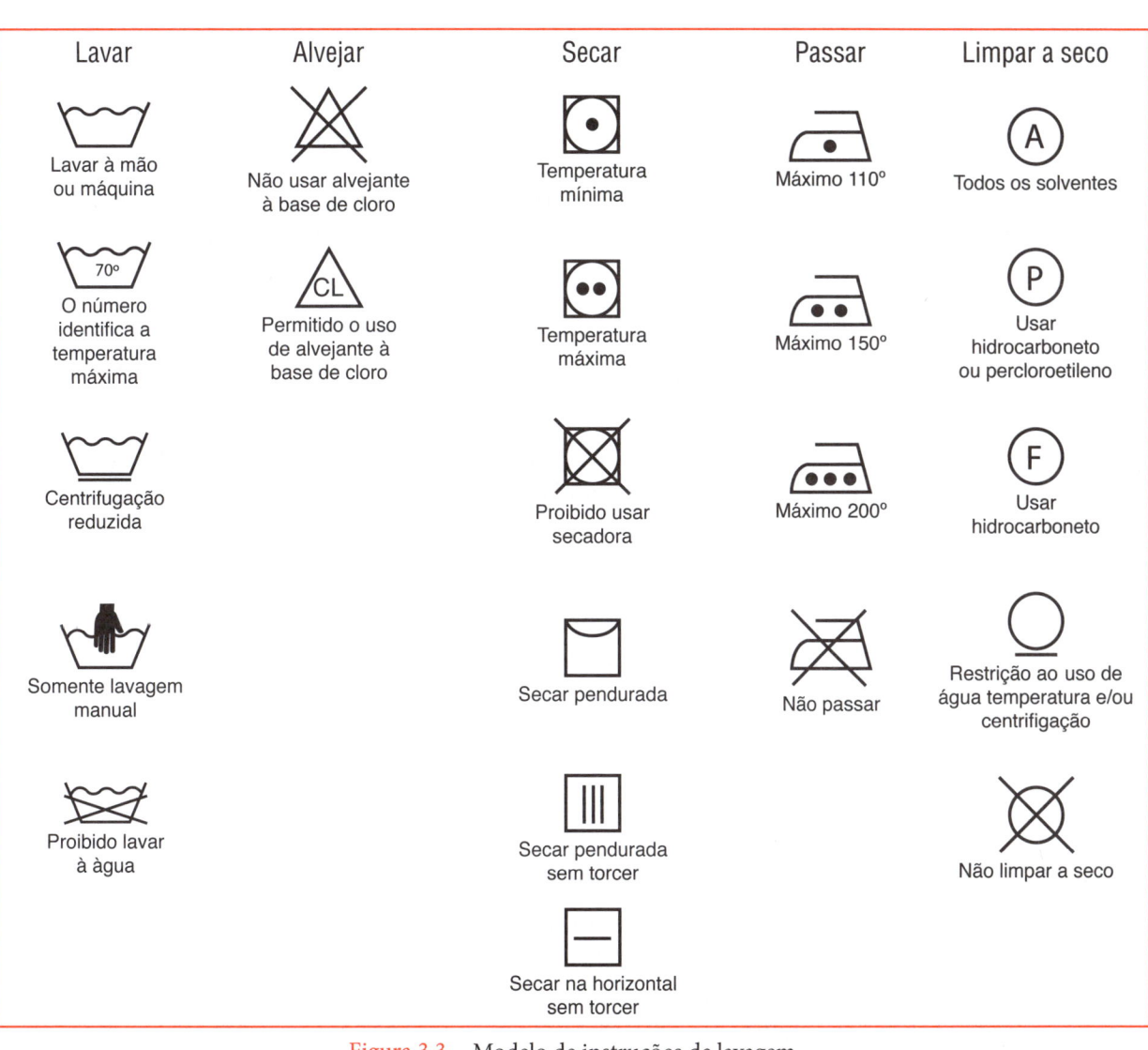

Figura 3.3 – Modelo de instruções de lavagem.

A razão social da empresa, ou mesmo sua marca, além do CNPJ, servem para comunicar ao consumidor a autoria do produto que está sendo adquirido.

O fabricante e principalmente o consumidor necessitam da informação dos itens constantes da etiqueta.

O consumidor tem a opção de escolha das características que mais o agradam, como amarrotamento da peça, brilho, absorção de suor, proteção térmica, entre outras.

A indicação do tamanho da peça, também é essencial à informação do consumidor e obrigatória na etiqueta, permite ao consumidor avaliar se o tamanho é o desejado, tanto para vestimenta, em peças de roupas, como no setor de cama, mesa e banho, nas peças fabricadas para esse fim.

Para que o consumidor possa limpar a peça que consumiu sem danificar o produto, é necessário que as etiquetas tragam em suas informações os cuidados de conservação. Essas informações devem ser eficazes para a limpeza.

3.1.2.8 Simbologias

A simbologia do produto têxtil define a sua composição, desde a fibra até o corante aplicado nela, passando pela costura, combinação dos tecidos e aviamentos utilizados.

A escolha da composição das fibras influencia na ergonomia e conforto da roupa. Existem fibras que absorvem mais suor, outras que não amassam, outras que trazem sensação de frescor e outras de calor, para ambientes mais frios.

Existem fibras que apresentam resistência ao atrito e ainda as que apresentam leveza ímpar, fazendo com que o indivíduo que está vestindo esse tipo de roupa se sinta como se não estivesse vestindo nada.

A Resolução nº 2, do Ministério do Desenvolvimento, Indústria e Comércio Exterior – Conselho Nacional de Metrologia, Normalização e Qualidade Industrial (Conmetro) diz que existem mais de 50 tipos de fibras que abrangem vestuário, cama, mesa, banho, mantas e redes.

Para que seja possível etiquetar produtos que tenham em sua composição mais de uma fibra, é necessário sempre especificar todos os tipos de fibras, principalmente as mais delicadas, pois, mesmo presentes em quantidade menor, elas determinarão a forma de cuidado que a peça irá receber.

Quadro 3.1 – Denominação e descrição das fibras e dos filamentos têxteis da Resolução nº 2, de 2008 do Conmetro

Denominação e descrição das fibras e filamentos têxteis da resolução nº 2, de 2008

» Lã: fibra proveniente do tosqueio de ovinos (*Ovis aries*).

» Alpaca, lhama, camelo, cabra, cachemir, mohair, angorá, vicunha, iaque, guanaco, castor, lontra, precedidos ou não pela expressão (pelo de). Fibra proveniente do tosqueio dos animais: alpaca, lhama, camelo, cabra, cabra de Cachemir, cabra de angorá (mohair), coelho de Angorá (angorá), vicunha, iaque, guanaco, castor, lontra.

- » Pelo de/crina com indicação da espécie animal: pelo de outros animais não mencionados nos itens 1 e 2.

- » Seda: fibra proveniente exclusivamente das larvas de insetos sericígenos.

- » Algodão: o algodão vem da semente do algodoeiro.

- » Capoque: fibra proveniente do interior do fundo de Kapoc.

- » Linho: fibra proveniente do talo do linho.

- » Cânhamo: fibra proveniente do líber do talo do cânhamo.

- » Juta: fibra proveniente do líber do talo da planta do gênero corchórus, espécies olitorius e capsularis.

- » Abacá: fibra proveniente das vagens das folhas da *musa textilis*.

- » Alfa: fibra proveniente das folhas da *stipa tenacissima*.

- » Coco: fibra proveniente da fruta do *cocos nucifera*.

- » Retama ou giesta: fibra proveniente do talo do *cytisus scoparius* ou do *spartum junceum* ou de ambos.

- » Kenaf ou papoula de São Francisco: fibra proveniente do líber do talo do *hibiscus cannabius*.

- » Rami: fibra proveniente do líber do talo da *Boehmeria nivea* e da *Bohemeria tenacissima*.

- » Sisal: fibra proveniente das folhas do *Agave sisalana*.

- » Sunn: fibra proveniente do líber do talo *Crotalaria juncea*.

- » Anidex: fibra formada por macromoléculas lineares que apresentam em sua cadeia um ou mais ésteres.

- » Henequen: fibra proveniente do líber do talo do *Agave cantala*.

- » Maguey: fibra proveniente do líber do talo do *Agave cantala*.

- » Caruá: fibra proveniente da *Neoglazovia variegata*.

- » Guaxima: fibra proveniente do *Abutilon hirsutum*.

- » Tucum: fibra proveniente do fruto da *Tucumã bactris*.

- » Pita: o mesmo que agave americana.

- » Acetato: fibra de acetato de celulose, na qual entre 92% e 74% dos grupos hidróxilos estão acetilados.

- » Alginato: fibra obtida a partir de sais metálicos do ácido algínico.

- » Cupramonio: fibra de celulose regenerada obtida pelo procedimento cuproamoniacal.

- » Modal: fibra de celulose regenerada, obtida pelos processos que permitam alta tenacidade e alto módulo de elasticidade em estado úmido.

- » **Proteica:** fibras obtidas a partir de substâncias proteicas.
- » **Triacetato:** fibra de acetato de celulose.
- » **Viscose:** fibra de celulose regenerada e obtida mediante processo viscoso.
- » **Acrílico:** fibra de macromoléculas lineares que apresentam em sua cadeia acrilonil-trilo.
- » **Clorofibra:** fibra de macromoléculas lineares que apresentam em sua cadeia monô-mera de vinil ou cloro de vinil.
- » **Aramida:** fibra em que a substância constituinte é uma poliamida sintética de cadeia.
- » **Poliéster:** fibra formada de macromoléculas lineares que apresentam em sua cadeia um éster de um diol ácido tereftálico.
- » **Polietileno:** fibra formada de macromoléculas lineares saturadas de hidrocarbonetos alifáticos não substituídos.

Além das fibras que já conhecemos e que fazem parte do nosso dia a dia, existem inúmeros materiais disponíveis na natureza ou produzidos quimicamente que podem apresentar diferentes aspectos, conforto diferenciado e efeitos especiais, agregando valor ao produto.

Cada tipo de fibra apresenta um tipo de característica: uns têm alta resistência à ruptura, ao atrito ou a ácidos. Existem fibras que possuem alta resistência térmica, suportando temperaturas ideais de passadoria.

A forma ideal de secagem de cada uma das fibras está relacionada à capacidade de absorver ou reter líquidos, determinando dessa maneira a forma de secagem adequada a cada peça.

No caso da lavagem a seco, o tipo de técnica aplicada é a de imersão da peça em solventes orgânicos, a fim de eliminar manchas, ou de acordo com o tecido em questão, que muitas das vezes não pode ser lavado de maneira tradicional. Porém, quimicamente, existem fibras que sofrem com os solventes de limpeza a seco. Há muitos anos, era comum que as donas de casa utilizassem benzina, por exemplo, para retirar manchas de gorduras de roupas. Com a posterior limitação desses produtos no mercado, a busca por lavanderias, para a aplicação do produto aumentou bastante.

Além das fibras, os fios determinam a forma de tratamento dos cuidados, pois a torção do fio que é formado por determinada fibra têxtil também determina a resistência da peça, tanto à tração como ao atrito, definindo se aquela peça pode ser lavada em máquina ou a seco e secada em tambor ou ao ar livre.

A Resolução nº 2 orienta ainda quanto à indicação da composição das fibras e facilita a tarefa da etiquetagem.

Alguns itens que compõem a Resolução podem ser mais bem compreendidos a seguir:

- » **Item 14:** compõe a Resolução nº 2 e diz que qualquer produto têxtil confeccionado que possua duas ou mais partes diferenciadas em sua composição deve, obrigatoriamente, indicar a composição têxtil de maneira separada e identificar cada uma delas, contendo suas partes enunciadas.

» 14.1: a indicação das partes só não se faz obrigatória quando, no máximo, 30% da massa total do produto têxtil seja representada. Nesse caso, a parte do forro da peça não é considerada.

» Item 16: nesse item da Resolução nº 2, para que seja possível determinar a composição percentual de matéria-prima da peça, alguns elementos não são levados em consideração, como: suportes, reforços, entretelas, fios de ligação e de junção, ourelas, etiquetas, aplicações, debruns, bordas, chuleios, botões, forros de bolso, ombreiras, enchimentos, elásticos, acessórios, fitas não elásticas, agentes encorpantes, estabilizantes, produtos auxiliares de tinturaria e estamparia utilizados no beneficiamento dos produtos têxteis.

Existem outras partes que não se enquadram na composição do produto confeccionado e com reservas estabelecidas no Capítulo IV, especificamente no subitem 14.1.1.

Em relação à composição da peça, é possível simplificar a apresentação das fibras. Na definição das formas de tratamento e cuidados com a peça, essas partes devem ser consideradas, pois compõem o produto têxtil e podem ser determinantes na manutenção de uma peça.

Um exemplo prático pode ser uma roupa que possui aplicações de renda em toda a peça, a fim de adorná-la. No entanto, a renda não atinge os 30% da peça, não sendo necessário citá-la na etiqueta, no setor de composição. Porém, no setor de cuidados com a peça é necessário citar se essa renda suporta lavagens em máquina ou se pode ser secada em tambor, ou ainda a temperatura máxima do ferro de passar, para que seja feita a indicação correta.

O conceito que deve prevalecer é o de que a fibra mais delicada que a peça apresente é a que determina o código de cuidado geral daquela peça.

3.1.2.9 Como o tecido influencia nos cuidados que se deve ter com a peça

A ABNT explica que, independentemente do tipo de tecido que está sendo trabalhado, este sempre influenciará nos cuidados que se deve ter com o produto. O tipo de lavagem adequado para aquela peça depende de como as fibras e fios que a compõem estão formados na construção do tecido.

A premissa básica para diferenciação de um tecido é saber se este é plano, malha ou um não tecido. A partir dessa informação é possível identificar se esse tecido pode ser lavado à máquina ou ao tambor secador, ou o máximo de temperatura que pode suportar quando for passado a ferro.

Diferentemente dos tecidos planos, as malhas possuem algumas particularidades. A maioria delas possui estrutura sensível à secagem no tambor, mas não é regra para todos os tipos de malha. Outros tipos de malha não podem ser lavados à máquina, pois o risco de puxar fios e depreciar o tecido é muito grande.

Por isso, e mais uma vez, é necessário ressaltar a importância de se levar em consideração as instruções de cuidados essenciais à peça. Independentemente de o tecido ser de malha, tecido plano ou não tecido, é primordial que essas informações sejam passadas através da etiqueta e também pela nota fiscal.

Além do tecido, as outras partes que compõem o produto também devem ser observadas, como por exemplo: tecidos diferentes, forros e aviamentos como zíperes, botões, passamanarias e detalhes de ornamentação. Como citado anteriormente, e sabendo que vale a pena reforçar a informação, é sempre a partir dos detalhes mais delicados da peça que se faz a determinação total dos cuidados com ela.

No caso dos tecidos planos, existem alguns que são compostos por uma única fibra, que, de acordo com a sua densidade de filamentos ou centímetros, serão avaliados como compatíveis com a lavagem em máquina ou não. Um tecido jeans que tenha fibras naturais vegetais em 100% da sua composição costuma suportar lavadoras de alta rotação, diferentemente de um tecido de gaze, também com sua composição em 100% de fibras naturais vegetais, mas que deve ser lavado somente manualmente, em virtude da delicadeza da peça.

O tipo de trama encontrado no tecido, seu ligamento, serve para identificar se ele é de sarja, tela ou cetim, podendo definir também seu brilho, como no caso do cetim, mais ou menos brilhoso.

Para peças que apresentem diferentes texturas, como os tecidos brilhosos, alguns cuidados devem ser levados em consideração. Todos os cuidados normalmente aparecem na etiqueta de composição, mas não custa reforçá-los, como por exemplo: peças com pouco brilho não podem ser passadas com o ferro em contato direto, pois o brilho desaparecerá. O ideal é utilizar um pedaço de outro tecido entre a peça e o ferro, a fim de protegê-la. Esse tipo de cuidado não vem especificado na etiqueta, mas deve vir como uma informação adicional, preservando o cliente.

3.1.2.10 Corantes e os cuidados especiais com os têxteis

Os diferentes tipos de corantes que são utilizados na indústria têxtil são escolhidos de acordo com o tipo de fibra que compõe aquele produto têxtil.

O cuidado que cada produto deve ter dependerá do tipo de corante que será utilizado. Existem tipos de corantes que resistem à limpeza com cloro, outros já são sensíveis ao composto químico, correndo o risco de manchar.

Ao contrário do que parece, a lavagem com cloro não é aplicada somente em roupas de tonalidade mais clara. Existem algumas peças de tonalidade clara que não são compatíveis com cloro e com seu uso tendem a amarelar.

No entanto, no processo de fabricação de peças de roupas não é regra a exigência da escolha de tecidos que tenham sido tingidos com corantes resistentes ao cloro, pois esse tipo de exigência custaria mais caro aos fabricantes. Porém, as roupas confeccionadas exclusivamente para o mercado que trabalha diretamente com o nicho de saúde e desinfecção não podem abrir mão da fabricação de produtos tingidos com corantes altamente resistentes ao cloro.

Por outro lado, existe uma gama de corantes que não resistem à aplicação de alguns produtos de limpeza muito populares no comércio, que fazem parte das compras do dia a dia das principais famílias brasileiras, que têm peróxido de hidrogênio, conhecido também como "poder O^2". Apesar de ser menos agressivo que o cloro, alguns tipos de corantes não resistem ao seu principal componente químico, por isso é importante e necessário realizar testes de aplicação do produto antes de aplicá-lo na peça por inteiro.

Existe outro grupo de corantes que apresentam resistência a temperaturas dos ferros no momento da passadoria. Alguns tipos de corante apresentam reações momentâneas, e durante a aplicação do ferro a peça apresenta mudança de cor, voltando à cor original quando esfria. Outros apresentam alteração permanente de cor. Caso a etiqueta não venha especificando a temperatura ideal para a passadoria para aquele tipo de peça, é primordial realizar um teste em uma parte isolada da peça, a fim de evitar a perda total do produto.

Outro cuidado específico que se deve aplicar às peças de roupa é o do processo de lavagem a seco. Esse tipo de lavagem utiliza alguns tipos de solventes que contêm bases orgânicas e que podem reagir com alguns tipos de corantes, causando alteração da cor ou reduzindo seu potencial estético. Para a lavagem a seco também é indicado o teste prévio.

3.1.2.11 Superfície têxtil

Podemos citar alguns produtos que fazem parte do processo de beneficiamento têxtil de uma peça, além dos corantes, como por exemplo: pigmentos específicos para estamparia, utensílios para o acabamento final de uma peça e resinagens. Servem para atribuir conforto a uma peça, melhorar seu aspecto ou torná-la mais resistente aos cuidados domésticos e profissionais de lavagem, secagem e passadoria.

A oferta de acabamentos e beneficiamentos para uma peça vai além dos citados anteriormente. Estes podem servir para diferenciar um produto têxtil do outro ou definir aspectos estéticos, como por exemplo: uma malha de algodão simples, que serve para confeccionar uma simples camiseta, pode ser coberta por resina, gerando um tecido impermeável e com aspecto de couro, como uma imitação desse material.

Alguns tipos de acabamentos, beneficiamentos ou até mesmo aviamentos aplicados em determinados tipos de roupas podem alterar seu cuidado de limpeza. Um exemplo comum é o relacionado ao jeans. O tecido jeans, originário do denim, quando acaba de ser fabricado se encontra no estado bruto. Para que se possa diferenciá-lo com lavagens diferentes, as peças passam por processo de lavagem industrial. Diante de duas peças iguais, uma somente amaciada e outra tendo recebido beneficiamento estonado, para dar o efeito de jeans já muito usado e manchado, os cuidados que deverão constar nas etiquetas serão completamente diferentes.

A calça com efeito estonado não permitirá uma série de cuidados referentes à lavagem diária, ao passo que para a calça amaciada será possível realizar a lavagem diária sem que isso cause nenhum prejuízo à peça.

3.1.2.12 Influência da peça no momento da conservação e limpeza

De acordo com a Associação Brasileira de Normas Técnicas, a peça pode conter diferentes tecidos, aviamentos e bordados, que, de acordo com suas matérias-primas principais, definirão a melhor maneira de lavagem, secagem, passadoria e demais cuidados.

Outro aspecto que serve como determinante para a escolha do tipo de lavagem é a margem de costura estabelecida pelo modelista no momento do corte da peça. São pequenos detalhes que se não trabalhados no momento de desenvolvimento da peça de roupa se tornarão um futuro problema para o consumidor.

A confecção, ao adotar um tipo de tecido que não possua aviamentos, detalhes ou acabamentos diferenciados, pode utilizar o mesmo código de cuidados fornecido pelo produtor do tecido e que vem na peça de tecido inteiro.

Como já citado anteriormente, se a peça possui mais de um tipo de tecido, é necessário adotar os cuidados referentes ao tipo de tecido mais delicado. A peça é lavada por inteiro e não tem como descosturar essas partes para que a limpeza seja feita. Por isso é adotado esse tipo de cuidado.

Os aviamentos escolhidos para cada uma das peças representam a formação estética da peça e influenciam no seu processo criativo. Um exemplo é uma peça de roupa de algodão, resistente às lavagens em máquina, mas que por conter fitas delicadas como aviamentos principais da peça não suporta a máquina, nem a passadoria com ferro comum, tendo que ser submetida à lavagem à mão e ao uso do ferro a vapor para desamassá-la.

As peças que são fabricadas com aplicações de muitos bordados, estampas e pedrarias são frágeis e necessitam de cuidados especiais. Alguns deles são: cuidado com a agitação na lavagem, aplicação de cloro ou alvejante e temperatura da passadoria.

Por ocasião da confecção da peça, também é importante ter cuidado com a aplicação de cola na colocação de entretelas ou pedrarias. Existe o risco de dissolução da cola em alguns tipos de lavagem, como a lavagem a seco, perdendo o efeito desejado para aquela peça.

3.1.2.13 Norma NBR NM ISO 3758/2010

A Associação Brasileira de Normas Técnicas criou a norma NBR NM ISO 3758/2010, a fim de gerar códigos de cuidado pelo emprego da simbologia.

No ano de 2001 a Resolução de Etiquetagem Têxtil entrou em vigor a fim de incluir o uso padronizado de cuidados, para que os consumidores se informassem melhor, tanto pela simbologia que identificava cada tipo de cuidado que deveria ser tomado quanto através de textos explicativos.

A simbologia permite a produção de uma etiqueta de peça de roupa menor, mas trabalha contra a rápida e fácil compreensão do consumidor. Antes da Lei das Etiquetas, algumas empresas já trabalhavam com símbolos e textos na indicação do tratamento das peças de roupas, mas a explicação não era tão clara e eficaz. A etiqueta indicava que o produto deveria ser lavado com sabão neutro, mas não explicava a composição química daquele produto, nem nenhuma outra maneira de identificar qual produto era de fato considerado um sabão neutro.

O uso do texto foi permitido mesmo após a aprovação da resolução. Porém, esteticamente, o uso deste aumenta o tamanho da etiqueta, causando desconforto ao consumidor no momento de uso da peça.

Os símbolos utilizados na indústria têxtil internacional representam vantagem para o consumidor, que diante dessa etiqueta consegue ter noções claras a respeito dos cuidados que deverá tomar com as peças.

Porém, o que ainda dificulta a escolha dos melhores tipos de tratamento para as peças de roupa é a variedade de fibras, materiais e acabamentos utilizados na produção de produtos têxteis, associados ao desenvolvimento de procedimentos de limpeza e cuidados especiais com a peça.

O código de símbolos foi criado e estabelecido com o intuito de auxílio ao consumidor e aos fabricantes, para que estes possam se guiar e decidir o melhor método de cuidado que se deve tomar com a peça.

A Associação Brasileira de Normas Técnicas possui em seu acervo, desde 1988, as normas de simbologia de cuidados têxteis, sob o número NBR 8719. Até esse ano não havia possibilidade da existência de normas equivalentes, além da ISO, que servia como origem, mas não possuía indicações relacionadas à secagem ao natural, comum em países tropicais como o Brasil.

A NBR 8719 foi revisada no ano de 1994, de acordo com as alterações da ISO, mas sem incluir o item de secagem natural. Em 2005, a ISO 3758 contemplou o cuidado de secagem natural, fazendo com que em 2006 a Associação Brasileira de Normas Técnicas adotasse a norma através da NBR ISO 3758/2006 e posteriormente expandindo para a NBR NM ISO, quando o Mercosul aderiu ao uso dessa nova norma.

O processo de revisão de normas foi necessário para refletir sobre o desenvolvimento técnico de práticas de limpeza, sistemas de alvejamento e uso de sistemas aquosos como alternativa para a limpeza a seco tradicional.

Os símbolos abrangem cinco tipos de tratamentos, especificados no quadro a seguir.

Quadro 3.2 – Simbologia da etiquetagem

Símbolo	Tipo de tratamento
⌣̲	Lavagem doméstica à máquina ou manual
△	Alvejamento
□	Secagem
⌐	Passadoria
○	Limpeza profissional

Existem tratamentos em que esses símbolos não podem ser usados. Para esses, aplica-se o símbolo "cruz de Santo André".

Figura 3.4 – Cruz de Santo André.

Para indicar que o tratamento que está sendo aplicado deve ser mais suave, é necessário usar um traço sob o símbolo, ou mesmo dois traços.

Figura 3.5 – Figuras indicativas de tratamento mais delicado à peça.

Dentro do símbolo de lavagem doméstica em máquina, o número indica a temperatura adequada para lavagem.

Figura 3.6 – Figura indicativa da temperatura adequada para lavagem.

Figura 3.7 – Figura indicativa de lavagem doméstica.

O símbolo do triângulo representa a condição de alvejamento, pois abrange os tratamentos com cloro e alvejantes. O triângulo cortado simboliza a não permissão do uso de cloro ou alvejante, porém há muitos corantes que resistem bem ao uso dos produtos de limpeza com cloro e alvejante e oferecem ao consumidor boas alternativas de limpeza doméstica.

Quadro 3.3 – Figuras representativas de símbolos de tratamento permitidos

Símbolo	Tipo de tratamento permitido
△	Pode usar agentes oxidantes
△	Alvejamento somente com oxigênio
△	Não alvejar

Os símbolos utilizados para a representação do processo de secagem estão divididos em duas grandes opções, como secagem à máquina ou secagem natural.

As peças que devem ser secadas à máquina são representadas com um ou dois pontos, e cada símbolo, dependendo do número de pontos, representa um número máximo de temperatura.

Quadro 3.4 – Figuras representativas de processos de secagem

Símbolo	Processo de secagem em tambor
⊡	Secagem em tambor à temperatura normal
⊙	Secagem em tambor a baixas temperaturas
⊠	Não secar em tambor

Através dos símbolos escolhidos para que seja possível identificar a secagem natural, o Brasil se destaca pelas vantagens ecológicas. O sol é normalmente muito forte na maioria dos estados do país, e funciona na de secagem e assepsia daquela peça de roupa.

A norma ISO incluiu a simbologia de secagem natural, já desenvolvida há algum tempo pelo Groupement Internationale d'Etiquetage pour l'Entretien des Textiles (Ginetex) e adotada pela ABNT por meio da norma ABNT NBR 8719.

A norma NBR ISO 3758, além de abranger a secagem natural, inclui também o símbolo de secagem à sombra. Esses símbolos servem como representantes de cuidados importantes relacionados às peças já tingidas após a confecção e para fibras delicadas.

Símbolo	Tipo de secagem
	Secagem em varal
	Secagem por gotejamento
	Secagem na horizontal
	Secagem à sombra

Os símbolos de passadoria servem para indicar a temperatura para passar a roupa através dos símbolos circulares, como se fossem pontos. Um ponto indica passadoria até 110 °C, dois pontos indicam passadoria até 150 °C, e os três pontos indicam passadoria até 200 °C.

Quadro 3.6 – Figuras representativas do processo de passadoria

Símbolo	Tipo de secagem
	Passar a ferro até 200 °C
	Passar a ferro até 150 °C
	Passar a ferro até 110 °C, risco a vapor ou prensa
	Não passar a ferro e/ou não vaporizar

O próximo conjunto de símbolos, que pode ser visualizado na Figura 3.8, serve para indicar os ícones relacionados à limpeza profissional, que são os processos que devem ser cumpridos pelas lavanderias industriais e profissionais.

A limpeza com líquidos solventes é efetuada através da imersão da peça em líquidos específicos e lavagem a úmido. Essa prática é realizada por um profissional especializado no assunto e com noção dos cuidados que se devem tomar nesse tipo de lavagem.

Não são todas as peças – isso depende da composição de fibras de cada uma – que resistem aos compostos químicos encontrados nos solventes, aos diferentes tipos de sabões ou a temperaturas elevadas. Outro ponto importante quando se trata de resistência da peça nesse tipo de lavagem diz respeito à agitação mecânica da peça pelas máquinas de lavar profissionais: a intensidade das máquinas pode determinar alterações de aspecto da peça.

 Símbolo para limpeza com solvente percloroetileno, também conhecido como tetracloroetileno.

 Símbolo para limpeza a úmido profissional.

Figura 3.8 – Símbolos para indicação da limpeza.

Na antiga tabela, não apareciam algumas normas de limpeza a seco. As normas criadas para a nova tabela apresentaram a inclusão do símbolo de lavagem profissional a úmido, valorizando o profissional especializado na técnica ao invés de recomendar suspeitosas técnicas caseiras.

Quadro 3.7 – Símbolos de indicação do processo de limpeza profissional

Símbolo	Tipo de secagem
(P)	Limpeza a seco profissional P. normal
(P)	Limpeza a seco profissional P. suave
(F)	Limpeza profissional F, normal
(F)	Limpeza profissional F, suave
⊗	Não limpar a seco
(W)	Limpeza a úmido profissional, normal
(W)	Limpeza a úmido profissional, suave
(W)	Limpeza a úmido profissional, muito suave

Uma inovação relacionada à técnica de etiquetagem diz respeito à inclusão de tabelas que exemplificam ensaios químicos coerentes com os processos de lavagem, prezando a assertividade na escolha e adoção de determinados símbolos.

Esses tipos de ensaio somente são possíveis de ser executados em laboratórios têxteis e simulados por empresas de confecção. Trata-se basicamente de ensaios que realizam o teste de alterações de cor, aspectos estéticos visuais, encolhimento do tecido, entre outros.

A norma NBR ISO 3758 visa ao esclarecimento do consumidor e é responsável pela inclusão de uma tabela de informações adicionais, que serve como base para a explicação de cuidados específicos com acessórios que podem compor o vestuário. Serve ainda como um complemento para enfatizar os cuidados a essas peças através de uma explicação clara de como garantir maior durabilidade ao produto.

Com a padronização das frases é garantida a informação por completo, evitando confusões e falhas na comunicação e tratamentos inadequados. Porém, como se trata de uma tabela que padroniza frases que são exemplos para situações cotidianas, a inclusão de novas frases é possível, devendo, contudo, respeitar um número máximo de caracteres.

3.1.2.14 Etiquetagem

A Associação Brasileira de Normas Técnicas define o ato da etiquetagem como uma garantia ao consumidor, comparando-a a uma bússola ou a uma bula de remédio. O processo de boa etiquetagem garante o aspecto da peça mesmo após esta passar por cuidados de lavagem, secagem e passadoria, garantindo a proteção do produto e a fidelização do consumidor.

A ABNT NBR ISO NM 3758/2010 foi criada para garantir a melhor utilização dos símbolos de códigos de cuidados, visando à maior durabilidade do produto, preservando o fabricante e o consumidor final do mau emprego dos tratamentos de limpeza.

A norma também permite a utilização dos símbolos universais, facilitando, além disso, a exportação de bens têxteis.

De acordo com a orientação do Ginetex, algumas práticas regionais e nacionais necessitam de orientação de proteção ao consumidor. Sempre devem ser considerados pelo produtor ou importador têxtil os usos e costumes locais aplicados aos tratamentos de limpeza de produtos têxteis.

> **Amplie seus conhecimentos**
>
> Etiquetas de roupas não podem ser cortadas
>
> Pesquisa mostra que a maioria dos consumidores joga fora a etiqueta e perde as informações sobre como lavar e passar as roupas.
>
> As etiquetas estão em todas as peças, bem costuradas. Mas, antes mesmo de estrear as roupas, 77% dos consumidores brasileiros dão às etiquetas o mesmo destino: "corto porque incomoda". Para o lixo vão também todas as informações sobre como conservar as roupas na hora de lavar, secar e separar.
>
> Leia mais em: <http://www.grupocoral.com.br/curiosidades-e-informacoes/etiquetas-de-roupas-nao-podem-ser-cortadas/>. Acesso em: 15 abr. 2015.

3.2 Confecção de roupas

De acordo com estudo publicado pelo Serviço Brasileiro de Apoio às Micro e Pequenas Empresas (Sebrae), as indústrias de confecção são responsáveis pela confecção de peças e acessórios compositores do vestuário e, também, de produtos de origem têxtil que atendem ao setor de cama, mesa e banho.

Esse tipo de indústria ainda fabrica artigos de malharia, tapeçaria, acessórios de segurança industrial e pessoal, e acessórios mistos, que possuem tecidos e outros componentes em sua composição.

O formato empresarial de abertura desse tipo de empresa permite a atuação individual, ou com um ou mais sócios. Quando a empresa é aberta por somente uma pessoa, é preciso que seja feito o registro como empresário. Dependendo do formato do negócio, existem três opções de empresas. Caso a opção seja de parceria, com a abertura de empresa com mais uma pessoa, é necessária a constituição de uma Sociedade Empresarial.

Independentemente do tipo, o registro deverá ser feito através da Junta Comercial. Cada estado possui sua própria Junta Comercial.

Segundo o Sebrae, a atuação do empresário de maneira individual traz autonomia na tomada de decisões referentes ao funcionamento da empresa, sem a necessidade de aprovação de um sócio.

Explica também que as responsabilidades que dizem respeito ao empresário são limitadas. No caso de a empresa não dispor de recursos para honrar suas obrigações, o empresário deverá responder com seus bens particulares para cobrir o valor de suas dívidas.

No caso de atuação em sociedade, os participantes deverão contribuir com um aporte suficiente de recursos para a constituição de uma empresa e início da atividade.

A opção mais escolhida entre as pequenas empresas é a de sociedade limitada. Nesse formato de sociedade os sócios não respondem com seus bens pessoais em nome da empresa. Porém, se os sócios participantes dos negócios tomarem decisões contrárias ao interesse da sociedade ou tomarem atitudes que prejudicam os interesses de outras pessoas ou empresas, eles responderão com seus bens pessoais para compensar os prejuízos causados.

De acordo com o Código Civil, a obrigação dos sócios consiste no dever de exercer suas funções de maneira responsável.

3.3 Diferenças encontradas na confecção de peças para atacado e para varejo

Os canais de marketing atuam como constituidores da estrutura administrativa, lógica e operacional, na ligação entre um produto e seu consumidor final. Os canais de marketing servem para assegurar o fluxo do produto, desde o momento da sua concepção até o seu destino final.

O processo de distribuição de um produto se baseia no seu deslocamento através do uso de transporte, armazenagem, estoque e processamento de pedidos.

Todo processo de distribuição depende da logística criada para que cada produto possa estar no seu destino final de acordo com as datas preestabelecidas. Logística consiste na identificação de diferentes tipos de demandas que atendem a um nicho de mercado específico, tendo como objetivo principal o planejamento e a construção do processo de distribuição das peças.

Através da logística e distribuição física de produtos é possível:

» reduzir custos;

» gerir o processo de concepção e distribuição das peças;

» selecionar e contingenciar meios de transporte;

» gerenciar planejamento, quantidade, períodos e datas;

» controlar distribuição;

» processar diferentes pedidos;

» controlar o recebimento dos produtos;

» administrar as entregas;

» garantir a segurança no envio.

3.3.1 Atacado

Entende-se como atacado a comercialização de um produto em grandes quantidades, que gera intenção de revenda por parte do comprador.

As atividades e operações de mercado que asseguram ganhos de eficiência e eficácia social são as que podem ser justificadas economicamente. Caso contrário, são eliminadas, por não se sustentarem, ou por serem disfuncionais.

O formato de comercialização existente no atacado é entendido sob o ponto de vista da contribuição prestada, tendo importância significativa no processo de distribuição.

O processo de negócio atacadista envolve operações e competências que consistem na criação de valor voltada para o processo distributivo, como por exemplo: capacidade de venda e promoção dos produtos; capacidade de administração e quebra dos lotes; capacidade e gestão de armazenagem e transporte; capacidade de financiamento; compreensão estratégica e operacional mercadológica.

Dentro do processo de comercialização atacadista existem diferentes formatos, um dos quais é o de atacadista comercial.

Esse grupo é formado por organizações que comercializam os produtos, assumindo a propriedade dos mesmos e os riscos e conservação das peças durante o período de armazenagem.

O formato "atacadista comercial" está dividido em dois subgrupos: "atacadistas de serviço completo" e "atacadistas de serviço limitado".

As diferentes modalidades atacadistas são divididas em duas grandes categorias: "corretores e agentes" e "atacadistas". O foco produtivo das duas categorias consiste na gestão e no investimento de fontes de criação de valor para fabricantes e produtores, varejistas e clientes empresariais.

3.3.2 Compra, venda e promoção de produtos

O tipo de comercialização do atacado é feito entre produtores e revendedores, especificamente, que depois repassam o produto comprado para o consumidor final. Essa comercialização é especializada em um determinado tipo de produto, facilitando para os compradores a busca e negociação do produto e também assegurando ao consumidor o estoque do produto, oferecendo a quantidade desejada.

A economia brasileira movimenta milhões de reais por ano com o comércio de compra e venda. Isso propicia a expansão, o desenvolvimento e a manutenção de empresas de pequeno, médio e grande portes.

Os negócios e a economia, de maneira geral, têm desfrutado e consequentemente se adaptado ao uso e desenvolvimento da tecnologia informatizada. A tecnologia informatizada influencia desde a forma de fabricação do produto, passando por sua negociação e atingindo a venda dessas mercadorias.

O formato de comercialização através do modelo de atacado teve sua origem no início da colonização brasileira. Os bandeirantes, inicialmente, eram encarregados de descobrir riquezas para os portugueses, posto ocupado posteriormente pelos tropeiros.

As tropas foram de extrema importância para a formação do nosso país, servindo como auxílio para a integração de diferentes e distantes áreas.

O atacado se consolidava e era reconhecido como o mais importante canal para a chegada de mercadorias, produtos e serviços nas mais diferentes localidades brasileiras. Seu conceito e surgimento se originam do período colonial, porém a concepção dessa ideia, de maneira clara e consciente, se deu há muito pouco tempo.

Esse formato de comercialização de produtos, o atacado, se faz importante para a economia. Através dele, é possível que as empresas consumidoras consigam obter descontos em suas operações comerciais, representando grandiosa vantagem para os compradores, que, além de não se responsabilizarem por todo o processo de produção, representam vantagem para os compradores, que podem revender seus produtos no varejo, com o seu lucro incluído no preço, que deve ser suficientemente competitivo para a atração de clientes.

É fácil confundir as palavras atacado e varejo. A diferença entre os dois conceitos é bem simples. As vendas feitas através do formato comercial do atacado têm como principal consumidor a pessoa jurídica, normalmente composta por proprietários de lojas, comércios, hospitais, escolas, entre outros. Os produtos são vendidos em grande quantidade, a preços inferiores.

As vendas feitas no formato comercial do varejo são as mais comuns e é com elas que temos contato diariamente, em todas as lojas existentes no mercado, comercializando peças unitárias diretamente ao consumidor final.

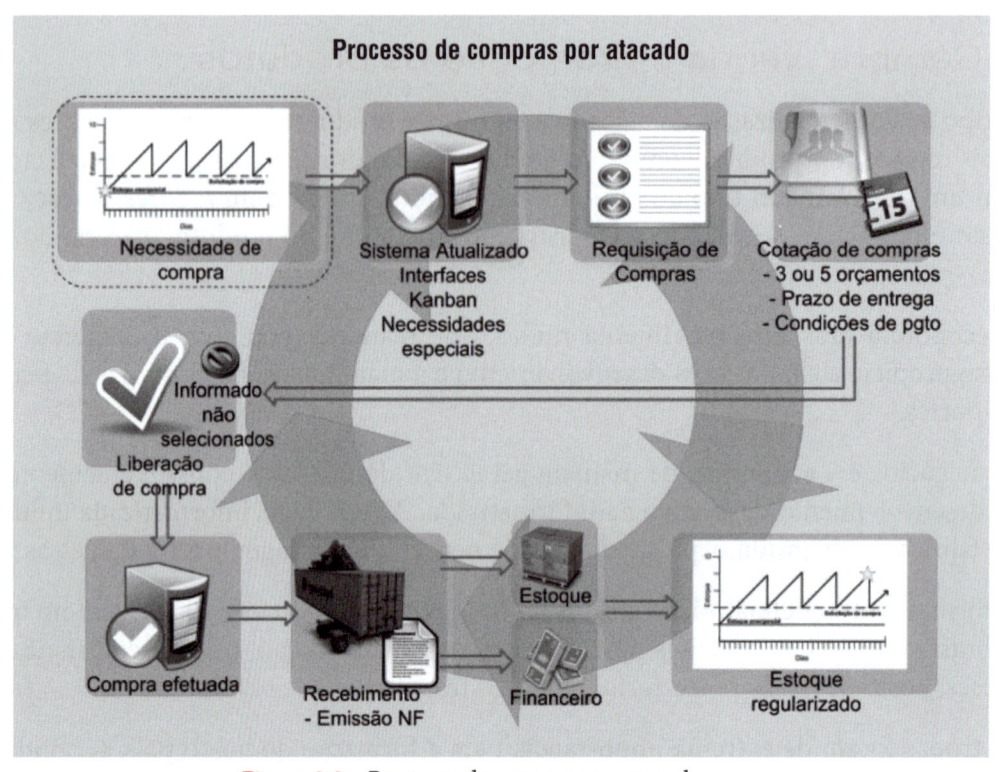

Figura 3.9 – Processo de compras no atacado.

3.3.3 Logística para atacado

A logística direcionada ao atacado tem como objetivo principal o planejamento, o controle e a programação do custo e fluxo da armazenagem dos produtos comprados com os fornecedores, criando estoques relativos às necessidades das atividades de vendas aos clientes varejistas, para atender os requisitos nas exigências deles.

O marketing é o instrumento principal utilizado no favorecimento da logística. Esse instrumento serve como inovador do processo de vendas diretas. Mesmo o comércio eletrônico atuando de maneira veloz, o atacado sempre terá seu espaço garantido no mercado, pois seu estoque não é virtual, sua entrega é momentânea e ele consegue atender prontamente seu cliente.

De acordo com Ballou, o processo de logística sempre servirá como centro de referência no marketing para os distribuidores de produtos. É necessário que o empresário esteja atento às necessidades do cliente.

Dar atenção a um projeto de transporte mais eficaz nas entregas e prezar pela boa e segura armazenagem dos produtos são o primeiro passo. Também é muito importante prezar pelo atendimento ético, em que o cliente deverá ter suas vontades respeitadas, garantindo velocidade na entrega e respeitando prazos e horários.

O ciclo do pedido representa o lapso de tempo entre o momento em que o pedido é realizado pelo cliente e o momento em que o produto é recebido por ele. O planejamento do tempo sempre deverá ser feito pela perspectiva do cliente.

A negociação do prazo de entrega se baseia nas expectativas do tempo do ciclo de execução, mediante a capacidade logística da empresa e das exigências advindas dos clientes varejistas.

A principal atuação da logística consiste no avanço da tecnologia da informação, atingindo maior valor agregado e decisivo e atendendo com a coerência exigida pelos consumidores finais.

A boa logística é responsável por fazer o mercado girar, tornando-o mais rentável para ambos os lados e direções, apresentando como consequência a logística globalizada.

3.3.4 Varejo

Entende-se como varejo o conjunto de atividades em que produtos e serviços são comercializados diretamente ao consumidor, a fim de atender suas exigências de uso pessoal e familiar.

No varejo encontram-se englobadas atividades diretamente ligadas às vendas de bens ou serviços, oferecidos diretamente aos consumidores finais a fim de atender suas exigências relacionadas ao uso pessoal e não empresarial.

Na cadeia do varejo, o varejista é o último elo, serve como fio de ligação entre os produtos e o consumidor final, executando funções fundamentais, como: permitir ao consumidor a compra da quantidade desejada de produtos; manter estoque de produtos e disponibilizá-los para o consumidor, quando este deseja adquiri-los; fornecer produtos que facilitem sua compra e uso.

No comércio varejista existem diferentes tipos de lojas, que são classificadas de acordo com suas características, como: volume de serviços, abrangência, oferta de produtos, preço, entre outras.

Na especificação do volume de serviços é possível encontrar três subespecificações, como:

» **Autosserviço:** possibilita que o próprio cliente procure o produto desejado, através da busca por varejo virtual e compra em e-commerce.

» **Serviço limitado:** o cliente consegue desfrutar da oferta de informações, participa de fases da busca do produto. É comum encontrar esse tipo de serviço em lojas de departamento.

» **Serviço completo:** no serviço completo o cliente dispõe de todas as fases do processo de compra, através do serviço prestado por lojas que oferecem atendimento personalizado ao cliente, já calculado e incluído no preço final do produto acabado. Dispõe de tempo indeterminado de atendimento e atende o consumidor desde a apresentação e desejo pelo produto até o momento da conclusão da venda.

A classificação dos varejistas pode ser entendida da seguinte maneira:

» **Lojas de especialidades:** possui linha limitada de produtos, ofertando-as através da variedade de peças que são produzidas em pequena escala.

» **Lojas de departamento:** vendas de diversas linhas de produtos. Cada linha dessas é denominada de forma diferente, e oferta também produtos diversificados. É comum encontrar muitas peças iguais, pois quando se trata de loja de departamento não existe exclusividade nas peças fabricadas.

» **E-commerce:** oferta de produtos desenvolvidos no formato de uma coleção de moda que é ofertada para uma loja física, contendo tops, bottons, outwears, peças únicas e acessórios. Nesse formato, o consumidor realiza o processo de autosserviço.

» **Outlets:** vendem mercadorias variadas, de coleções passadas e das coleções atuais que estejam em liquidação a preços abaixo da média. São peças de qualidade, contendo a identidade da marca que as oferta e com o diferencial do menor preço.

» **Pontas de estoque:** comercializam sobras de estoque e mercadorias com defeitos. Há três tipos de lojas de ponta de estoque: as independentes, as lojas de fábrica e os clubes de compras.

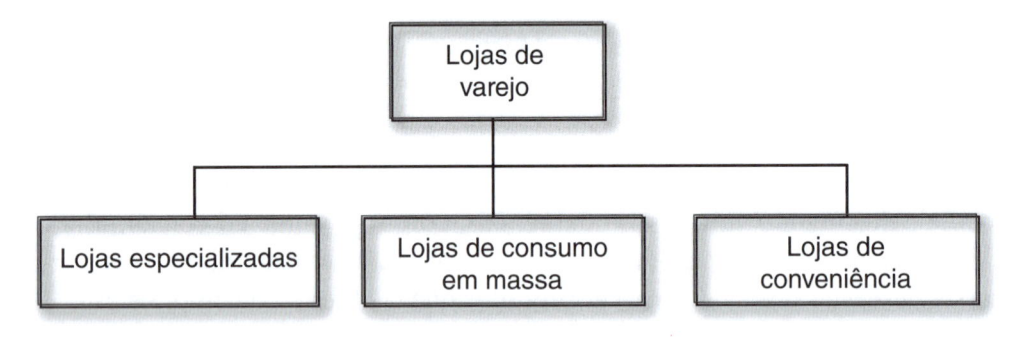

Figura 3.10 – Principais tipos de varejo com loja.

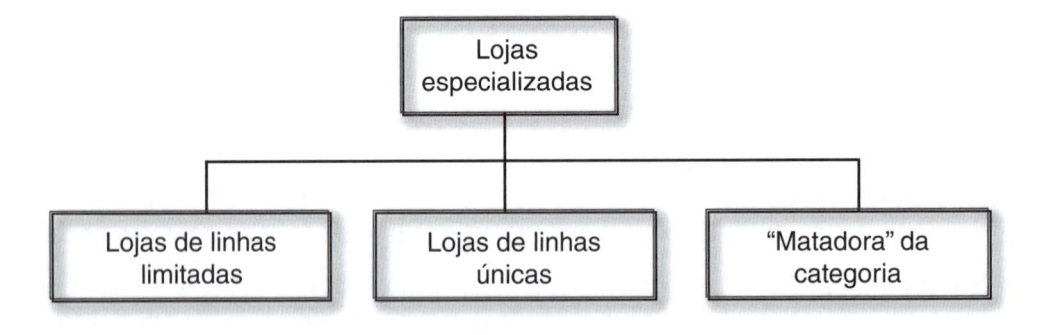

Figura 3.11 – Lojas especializadas.

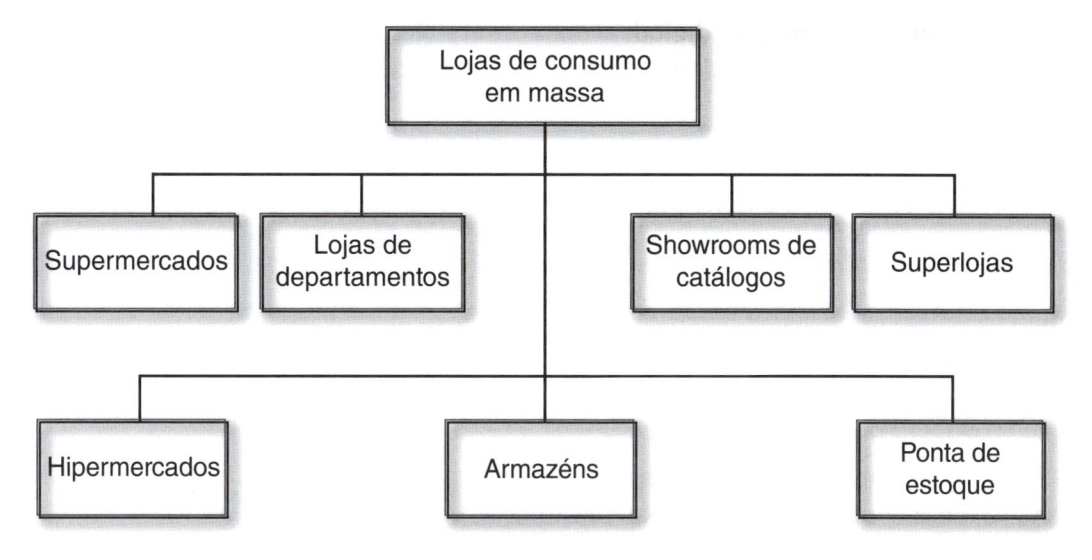

Figura 3.12 – Lojas de consumo em massa.

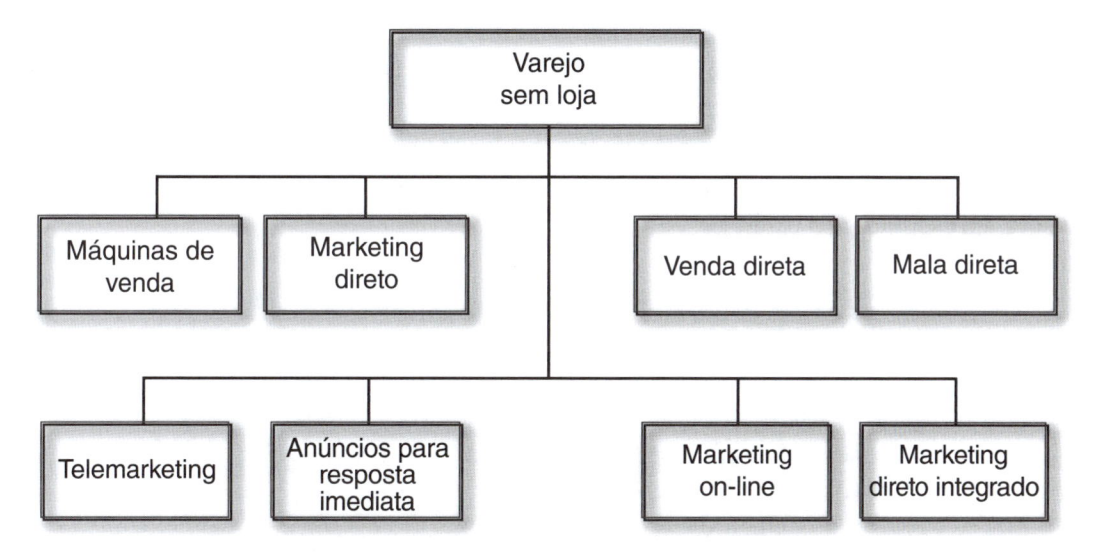

Figura 3.13 – Principais tipos de varejo sem loja.

O varejo sem loja tem apresentado um crescimento maior do que o varejo com lojas. Exemplos de varejo sem loja são: mala direta, catálogos, telefone, TV, Internet.

3.3.4.1 Mala direta

É conhecida como mala direta a correspondência de marketing que contém informativos de publicidade. Consiste na divulgação de produtos e serviços ofertados por empresas ou para fins informativos.

Pode ser ofertada de duas maneiras diferentes:

» Mala direta postal: a mala direta postal é enviada através de propaganda impressa, folhetos, cartas, folders e pequenos brindes que podem ser enviados pelo correio até o cliente.

» **Mala direta eletrônica ou digital:** a mala direta eletrônica ou digital consiste no instrumento de divulgação via endereço de e-mail ou redes sociais. Dispõe de ferramentas de e-mail marketing.

Esse tipo de mala direta é composto por informativos de publicidade, apresentados no formato digital. São enviadas pelas empresas para os seus clientes, predominantemente via e-mail.

Nessa categoria é possível incluir os folhetins informativos e newsletters. São consideradas estratégias de marketing e geram fidelização de clientes e distribuidores, através da atualização de notícias, informações e promoções de produtos e serviços.

3.3.4.2 Catálogos

São conhecidas como catálogos as ferramentas de publicidade que foram desenvolvidas, de forma exclusiva, para os clientes da loja e para a captação de novos clientes.

Essa ferramenta consegue realizar, através da comunicação dirigida interna de uma empresa, a valorização de uma marca.

A empresa deve ter claro quem é seu público-alvo e a partir desse conhecimento conseguir desenvolver o modelo de catálogo ideal, levando em consideração pontos como: *casting* de modelos, harmonia estética referente aos modelos de peças escolhidas para as fotos, cores, coerência na escolha dos objetos de cena, levando sempre em consideração o *styling* que está sendo trabalhado no editorial que será apresentado no catálogo.

101imges/Shutterstock.com

Figura 3.14 – Exemplo de catálogo de moda.

3.3.4.3 TV

A TV também atua de maneira significativa quando o assunto é publicidade. A propaganda televisiva atua como fator decisivo no destaque e na permanência de uma empresa no mercado.

Trata-se de uma ferramenta que atua fortemente na competitividade e na conquista do cliente.

O conceito da propaganda de TV consiste na forma paga de apresentação impessoal e promocional de ideias, bens e serviços de um patrocinador. Os anúncios de TV atuam como uma maneira lucrativa de disseminar mensagens, tanto para o desenvolvimento de preferências relacionadas às marcas quanto para o conhecimento e informação das pessoas.

É uma mensagem direcionada a um determinado público-alvo e tem como objetivo a criação e o estímulo da compra de um produto específico. Nessa ação publicitária é possível o empresário representar, através de uma cena artística, o cotidiano do público-alvo que se identificará com essa representação.

3.3.4.4 Organização do varejo

O varejo é organizado através da maneira como ele é composto. Os principais tipos de organização são: redes corporativas, organizações de franquia e conglomerados varejistas.

Enquanto os esforços do setor atacadista são direcionados ao desenvolvimento e à modernização, o varejo atua de maneira independente.

O varejo independente consiste na busca por conveniência aliada ao maior poder aquisitivo das famílias de baixa renda. Trata-se do ponto de destaque de grandes indústrias, bancos, seguradoras, entre outros.

Realizar varejo independente é sem dúvida um trabalho muito caro. Não é tarefa simples conseguir fazer com que cheguem produtos e serviços a mais de 2.000.000 pontos de vendas brasileiros.

Entre outros fatores, o que torna todo esse processo caro é o domínio e o conhecimento dos hábitos e comportamentos do consumidor e a entrega de pedidos pequenos. É nesse momento que é preciso contar com a organização do varejo. Quanto maior sua organização, menores serão os custos e maiores os lucros.

O comércio mundial, ultimamente, aponta para o domínio do Organized Trade (OT), ou o comércio organizado das grandes cadeias lojistas, que se organizam graças ao enorme poder de compra, acesso a fornecedores locais e globais, redes logísticas integradas e eficientes, diferentes formatos de lojas e capital.

De acordo com a MVI Global Database, o Brasil possui um dos menores índices de concentração do mundo. As 15 maiores redes varejistas representam não mais do que 20% de todo o consumo nacional. No México, elas representam mais de 40%, e nos Estados Unidos, 30%.

Porém, novas formas de organização estão sendo propostas. Há mais de 250 centrais de negócios crescendo acima de 10% ao ano, com mais de 13.500 pontos de venda e faturamento de mais de R$ 25 bilhões.

Somente no estado de São Paulo existem mais de 430 lojas que se organizam em várias redes e já somam R$ 4,6 bilhões de faturamento anual.

Para se planejar uma proposta de varejo é preciso iniciar com a definição do público-alvo e do posicionamento desejado.

O varejo possui peculiaridades que fazem com que novas exigências sejam criadas. A tradicional abordagem dos quatros Ps, utilizada para exemplificar um dos conceitos do marketing, necessita ser adaptada para seis Ps: Produto, Preço, Promoção, Apresentação (do inglês Presentation), Pessoal, Ponto.

A área de influência do varejo refere-se às regiões de onde vem a maioria dos clientes da loja.

Vamos recapitular?

Neste capítulo foi possível entender um pouco mais sobre os setores que compõem a tecnologia da confecção.

Puderam ser entendidos de maneira mais clara a normalização, o funcionamento de cada uma das áreas da empresa e a diferença entre a comercialização das peças no atacado e no varejo.

Agora é com você!

1) Discorra sobre os principais setores existentes em uma confecção de moda e suas respectivas funções.

2) Explique a importância da normalização das empresas e de que maneira isso pode beneficiar os proprietários, funcionários e consumidores.

3) O que é atacado e como funciona o seu processo de vendas?

4) O que é varejo e como funciona o seu processo de vendas?

5) Exemplifique as principais diferenças, pontos positivos e negativos encontrados na comercialização de peças oferecidas pelo varejo e oferecidas pelo atacado.

4

Classificação das Máquinas de Costura

Este capítulo tem como objetivo apresentar as máquinas de costura e os aparelhos indicados para a costura e acabamentos das peças do vestuário.

Alguns produtos apresentam matéria-prima delicada e possuem diversas peculiaridades em sua fabricação. Peças que apresentam variedade de aviamentos justificam o uso de aparelhos que garantirão qualidade e rapidez na produção.

4.1 Etapas da costura industrial

A indústria da moda surge em 1845 nos Estados Unidos, juntamente com o *ready-to-wear* ou *prêt-à-porter* – tipo de oferta de roupas populares, prontas para vestir, de acordo com as últimas tendências e propostas de moda.

Essa oferta trazia uma nova maneira de produção, a produção em escala industrial. Pois bem, uma vez que agora todos tinham acesso à moda, tornou-se necessário acelerar o processo de produção, sendo importante o aumento da fabricação de forma industrial: roupas de um mesmo modelo, com variações de cores, modelos e tamanhos, além do uso de acabamentos e aviamentos.

Atualmente, os números gerados pela moda representam uma parcela significativa na economia dos países. A indústria têxtil cresce diariamente e se mantém em virtude do esforço de inúmeros profissionais que colaboram em etapas distintas, contribuindo para o resultado do produto final.

O processo fabril da indústria têxtil tem seu início no processo de pesquisa de tendências, modelos, cores, aviamentos, todos baseados em comportamentos sociais. O que determina aquilo que influenciará as propostas de moda cotidianas são os índices de pesquisa inicial, que são voltados para o comportamento do ser humano, suas vontades e desejos – constantes –, seus hábitos socioculturais, socioeconômicos e interesses políticos.

Feito o mapeamento do comportamento social, é a hora de pesquisar, com base nesses dados, todos os detalhes que comporão as peças que serão fabricadas. A pesquisa se dá através de estudos de campo ou de pesquisas realizadas presencialmente, a fim de comprovar e vivenciar o instrumento de apoio para criação por intermédio de sites especializados, revistas que tratam do assunto ou especialistas que "vendem" as informações coletadas a partir de pesquisas de campo. A informação, que antes demorava para chegar às mãos desses profissionais, hoje chega simultaneamente em todos os países do planeta.

Com a chegada da informação num ritmo mais do que acelerado, automaticamente o consumidor sente necessidade de ter acesso às novidades em um intervalo de tempo cada vez menor, fazendo com que as indústrias tenham que correr contra o relógio e produzir em tempo recorde, também se preocupando em relação ao tempo das outras opções existentes no mercado. Se esses tempo for menor que o seu, é necessário se preocupar e administrar melhor a logística da empresa.

Com a pesquisa em mãos, a fase seguinte se caracteriza pelo esboço das peças que serão escolhidas para a coleção que está sendo trabalhada. Aperfeiçoamento do tema da coleção, trabalho na cartela de cores e criações de croquis são as atividades que caracterizam o começo da criação de uma coleção.

Os croquis são repassados ao responsável pela modelagem das peças, para início do trabalho. Esse profissional realiza a função de transpor as ideias do papel para a realidade, seguindo os padrões de medidas trabalhados de acordo com o target de cada empresa. Tomando por base a peça-piloto, consegue diagramar os moldes e adaptá-los aos tamanhos que compõem a grade da coleção.

Atualmente, alguns softwares otimizam o processo criativo. São sistemas gráficos conhecidos como CAD (*Computer Aided Design* – Desenho Assistido por Computador) e CAM (*Computer Aided Manufacturing* – Produção Assistida por Computador), usados como base para a criação de croquis, estampas, bordados, modelagens e fichas técnicas.

Com o molde da peça-piloto pronto, é possível encaminhar a peça à pilotista – profissional que tem a função de modelista e é responsável pela confecção da peça-base, conhecida como peça-piloto, necessária para a criação de peças com a mesma modelagem, oferecidas em outros tamanhos. É ela que se encarrega de completar a materialização da ideia.

Tendo as peças-piloto montadas, é preciso fazer a prova do molde, para verificar se a peça de fato está no tamanho ideal para a peça-piloto (normalmente, as empresas têm como tamanho de peça-piloto o tamanho 40). Com o auxílio de uma modelo de prova – profissional que "veste" o tamanho fabricado pela loja como o padrão de peça-piloto –, constata-se também se existe a necessidade de realizar ajustes na peça onde serão aplicadas a estampa e os outros detalhes.

4.2 Classes e tipos de pontos de costura

Para que a costura se dê por completo, é necessária a utilização de uma agulha, que é considerada a peça principal e que possibilita o trabalho e o resultado final oferecido pela máquina de costura.

Algumas agulhas foram desenvolvidas com o intuito de assegurar que as máquinas as usassem para uma performance mais elaborada. A adoção dos sistemas de agulha é feita em virtude de razões particulares, como a escolha e o uso de diferentes tipos de tecidos, diversos maquinários específicos e otimização da velocidade da máquina.

Cada um dos sistemas de agulha possui de seis a oito tamanhos. Nos sistemas mais recentes, é possível o uso de até 15 tamanhos diferentes.

4.2.1 Funções básicas de uma agulha

Neste subitem será possível compreender as funções básicas de uma agulha de costura. A agulha serve como intermediadora e criadora de passagem para a linha, que atravessará o material costurado; tem como função principal a condução da linha, pelo material, a fim de formar um laço que será preso através do looper ou lançadeira; e serve para passar a linha de cima, formando um laço através de um looper, em máquinas que não possuam pontos fixos.

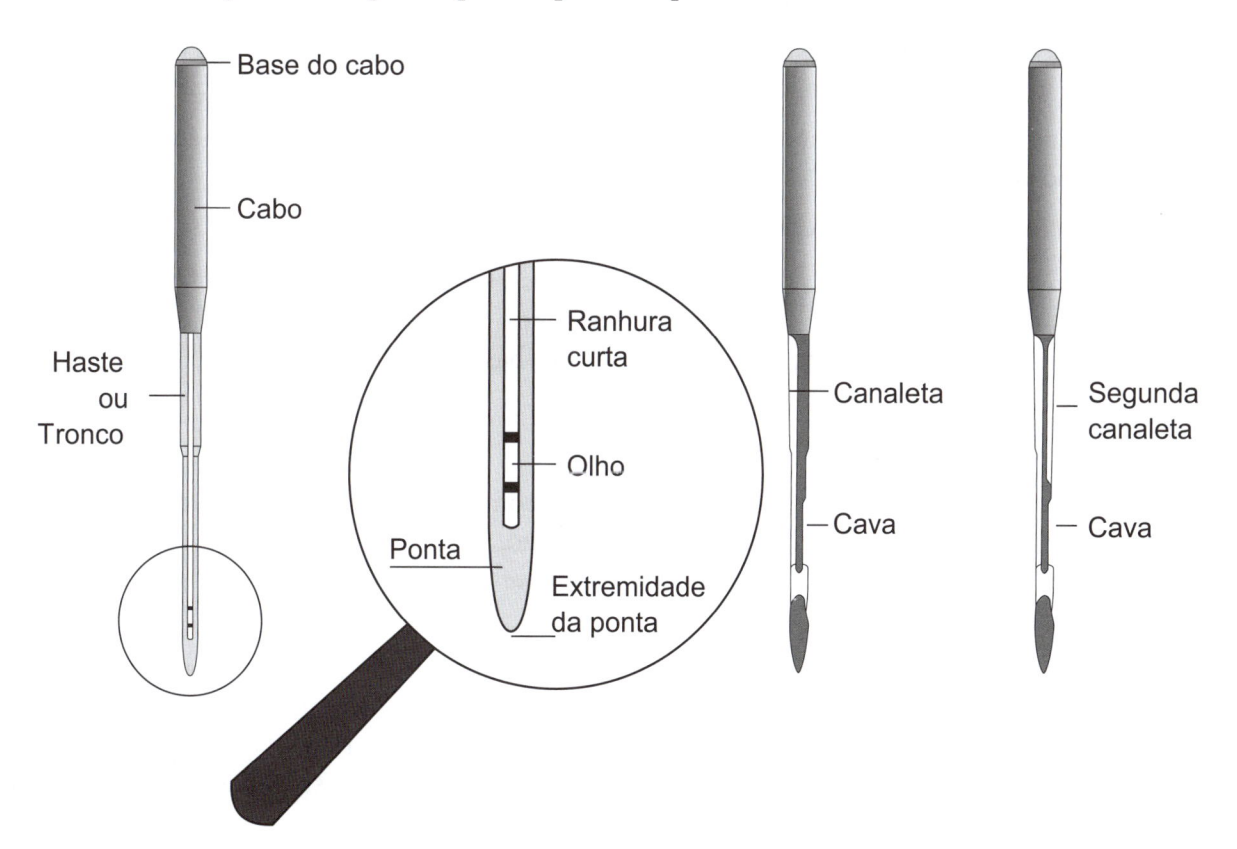

Figura 4.1 – Características físicas de uma agulha.

Determinadas partes da agulha executam funções diferentes ao longo do ato da costura. Essas partes são assim divididas:

- » **Base do cabo:** representa a parte superior e facilita a inserção da linha na agulha.
- » **Cabo:** é formado pela parte mais grossa da agulha. Normalmente fica localizado preso à braçadeira ou ao parafuso. Serve como suporte para a agulha e proporciona resistência.
- » **Junção cônica:** parte da agulha que fica localizada entre o cabo e a haste.
- » **Haste (tronco):** a haste fica localizada entre o cabo e o olho da agulha. É uma parte sensível, que se mostra sujeita a atrito e aquecimento durante o processo de passagem do material que está sendo costurado.
- » **Canaleta:** parte localizada unilateralmente na haste, proporcionando direcionamento da linha de cima durante o processo de formação da laçada. Serve também como canal de proteção para a linha durante o processo de atravessamento do material costurado.
- » **Ranhura curta:** serve como auxiliar no movimento de formação da laçada da linha da agulha.
- » **Olho:** o olho da agulha fica localizado na parte inferior da haste. A linha de cima faz o movimento de passagem através dele e é levada para a parte de baixo do material.
- » **Cava:** é representada por um corte preciso na haste da agulha. Fica acima do olho e permite a passagem da lançadeira ou looper entre a linha e a agulha na formação da laçada.
- » **Ponta:** a ponta da agulha serve como meio de condução da linha no material que está sendo costurado.
- » **Extremidade da ponta:** representa a extremidade total da agulha.

As agulhas são fabricadas tendo como base de observação todas essas características, salvo exceções. Algumas são produzidas com o intuito de superar problemas de costura específicos, ou simplesmente são projetadas visando atender os requisitos básicos de uma máquina.

4.2.2 Identificação da agulha

Existem três parâmetros essenciais que servem como identificadores de uma agulha de máquina de costura. São eles o sistema, a ponta e o tamanho.

4.2.2.1 Sistema

O sistema de agulhas sempre irá definir as dimensões de uma agulha que terá como função principal o uso na máquina de costura. De acordo com a máquina que está sendo utilizada e com base no tipo de ponto criado por ela, a agulha será desenvolvida com variações de comprimento em sua haste, finura do cabo, tipo do olho, entre outros. O tipo de agulha que está sendo utilizada deverá ser verificado previamente.

4.2.2.2 Ponta

A ponta da agulha é classificada de duas maneiras:

» ponta redonda;

» ponta de lança.

Existem disponíveis cerca de vinte diferentes pontas redondas, mas normalmente são usadas somente seis.

4.2.2.3 Aplicações de agulhas de ponta redonda

» **Ponta aguda ou conjunto de ponta fina (SPI):** esse tipo de ponta é utilizado normalmente em tecidos densos, causando menores danos e prejuízos e servindo como base para a definição de um ponto reto, minimizando possíveis franzimentos na costura. Essa ponta é utilizada normalmente para a costura de microfibra e tecidos muito densos, materiais com revestimento e pesponto para punhos e colarinhos.

» **Ponta redonda normal:** normalmente utilizada em tecidos normais, pois o seu movimento-padrão é de deslocamento do fio para o lado.

» **Ponta bola fina (SES):** normalmente a agulha de ponta bola fina é utilizada em malhas leves e finas e também para o denim que contenha uma quantidade de oz (onças) reduzida.

» **Ponta bola média (SUK):** a ponta bola média normalmente é utilizada para a costura de tecidos medianos, como uma malha média. Muita usada para o denim mediano ou grosso, que contenha uma quantidade razoável de oz (onças) e que passa por processos de lavagem bruscos, como aqueles com pedras e jatos de areia.

» **Ponta bola grossa (SKF):** a ponta bola grossa é ideal e exclusiva para a costura de tecidos grossos com elasticidade, para não danificar o fio elástico.

» **Ponta bola especial (SKF):** a agulha ponta bola especial serve para a costura de materiais elásticos grossos ou muito grossos.

4.2.2.4 Agulhas de ponta de lança

As agulhas de ponta de lança possuem pontas muito afiadas, comparadas a lâminas. Essas pontas cortantes aparecem em três formatos: arredondadas, triangulares e quadradas.

Esse tipo de agulha é normalmente utilizado para a confecção de materiais pesados, pois elas perfuram o material com maior facilidade do que as agulhas do tipo ponta redonda.

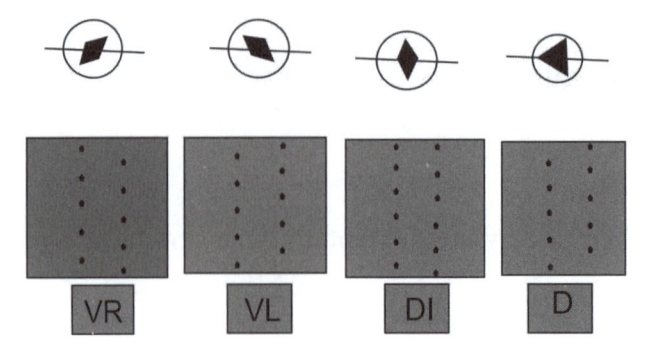

Figura 4.2 – Ponta cortante reta.

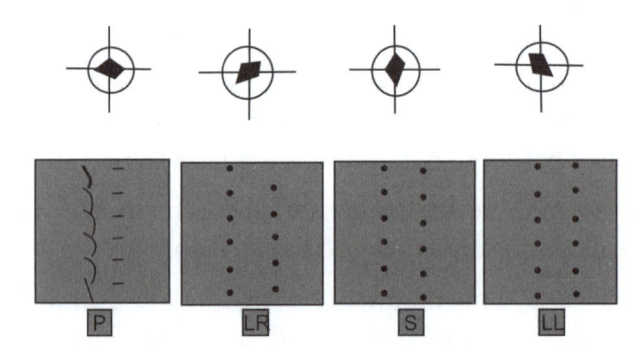

Figura 4.3 – Ponta cortante arredondada.

4.2.3 Análise do tamanho da agulha

Para conseguir observar o tamanho da agulha, a empresa Coats, principal produtora no ramo, indica que os tamanhos das agulhas são representados de duas formas.

A primeira dessas maneiras consiste na análise do Número Métrico (Nm). Esse número representa o diâmetro da haste de uma agulha, calculado por centésimos de milímetros, que fica localizado acima da cava da agulha.

Outra maneira é a partir do sistema Singer, que numera as agulhas conforme seu tamanho, como "agulha n° 9", "agulha n° 12".

Fique de olho!

Para cuidar de uma máquina para que ela dure muitos anos não é preciso muito esforço. Seguem alguns cuidados básicos que se deve ter com as máquinas, sejam elas novas ou antigas, e que vão deixá-las sempre em ordem.

DÉBI. *Cuidados com a máquina de costura*. LuscoFusco Criações. Disponível em: <http://www.clubinhodacostura.com/2012/11/cuidados-com-maquina-de-costura.html>. Acesso em: 15 dez. 2014.

4.3 Identificação da nomenclatura de máquinas de costura

Como vimos anteriormente, a máquina de costura, é um equipamento bem antigo e que vem se modificando com o tempo e se adaptando às novas tecnologias.

Esses equipamentos são imprescindíveis para a confecção e o conserto de roupas e vários tipos de acessórios. Sem elas os ajustes de última hora e a produção de peças completas não seriam possíveis. No mercado existem diversos tipos de máquinas, cada uma com uma função específica.

São muito utilizadas por profissionais que trabalham na confecção de roupas e ajustes, com finalidade doméstica ou industrial.

Podemos nos basear em quatro tipos padrões de máquinas de costura.

4.3.1 Máquina de costura doméstica

A máquina de costura doméstica é o modelo convencional, com acessórios específicos para costura caseira. São feitas para garantir a estabilidade na hora de costurar. Alguns modelos, mesmo sendo para fins domésticos, são classificados como profissionais e possuem especificações que podem facilitar a costura em áreas mais complexas, como mangas e pernas de calças.

Atualmente, entre os tipos de máquinas de costura doméstica, a classificada como caseira apresenta diversos recursos que permitem até mesmo pregar elásticos bem finos, como os usados em peças de lingerie.

Normalmente essas máquinas realizam costura reta e conseguem efetuar costura com agulha dupla. As marcas disponíveis no mercado estão divididas em "máquinas de costura de braço livre" e "máquinas de costura de base plana".

Mesmo dispondo de grandes funções, uma máquina doméstica não é adequada para o uso profissional.

4.3.2 Máquina de costura portátil

Esse modelo de máquina é uma variação da máquina doméstica. Muito similar a ela, não deixa de ser classificada como caseira ou doméstica. A máquina portátil é normalmente mais leve, não dispõe de uma estrutura de mesa acoplada, e sua estrutura é mais compacta, para facilitar o transporte e o manuseio.

A maioria dos modelos existentes no mercado dispõe de enchedores de bobina automáticos, cortadores de fios, controle de velocidade e lançadeiras, mesmos itens encontrados nas máquinas domésticas.

São indicadas para praticantes experientes e iniciantes. A maioria dos modelos apresenta mais de dez tipos de pontos utilitários.

4.3.3 Máquina de costura overloque

A máquina de costura overloque é ideal para acabamentos, mas simultaneamente permite a costura. Podem ter uso doméstico, para trabalhos realizados em casa e em pequenos ateliês, ou em pequenas linhas de produção. Normalmente, essas máquinas são utilizadas em fechamentos de peças e são boas quando unem a qualidade de pontos industriais e a praticidade.

O grande diferencial dessa máquina é a quantidade de pontos por minuto, geralmente mais de mil pontos. Ela também costura com dois fios, um na agulha e outro no looper.

Além de costurar, faz corte e acabamentos, possibilitando maior durabilidade às roupas.

Normalmente são utilizadas em lingeries, confecção de peças de moda praia, camisetas e tecidos pesados, como toalhas, moletons, calças jeans, entre outros.

4.3.4 Máquina de costura industrial

São máquinas de costura ideais para produção em larga escala. Geralmente são computadorizadas e costuram somente algumas peças e pontos especiais.

São utilizadas exclusivamente por indústrias do setor têxtil.

4.3.5 Principais tipos de máquinas de costura industrial

Segundo Roca (2013), podemos observar que existem variados modelos de máquinas industriais disponíveis, cada um dos quais atende a um tipo de demanda diferente. A seguir vamos conhecer esses modelos e suas principais funções.

A máquina de overloque, conforme citado anteriormente, também é muito utilizada na costura industrial.

» Interloque: a máquina interloque é mais complexa que a overloque, pois é composta pela costura reta e também pelo tipo de costura overloque. O uso dessa máquina é comum em tecidos que não apresentam elasticidade, como o jeans sem elastano.

- » **Galoneira:** a máquina galoneira tem uso comum em tecidos delicados. Serve também para a confecção de bainhas e realiza costura em tecidos como malhas e costuras artesanais.

- » **Caseadeira:** a máquina caseadeira serve especificamente para a confecção de casas de botões.

- » **Botoneira:** a máquina botoneira serve como pregueadora de botões em peças do vestuário. É utilizada após a feitura de casas para botão, com a caseadeira. Também serve para pregar adornos e aviamentos.

- » **Fechadeira de braço:** a fechadeira de braço realiza costuras específicas em mangas e camisas.

- » **Zigue-zague:** a máquina zigue-zague serve exclusivamente para a costura em tecidos de malha e é utilizada em acabamentos, colocação de elásticos em lingeries e roupas de praia.

- » **Travete:** a máquina travete serve como auxiliar nos reforços de costuras, calças, ternos, blêizeres e demais peças que possuam tecidos pesados e necessitem de cuidados para que a costura se mantenha forte.

- » **Lançadeira livre:** a lançadeira livre tem como objetivo principal a realização da costura reta, e é utilizada em couros, jeans, tapeçaria e matérias-primas muito pesadas.

Vamos recapitular?

Nesse capítulo foi possível aprender a respeito da costura geral, abordando a modalidade doméstica e a industrial e as máquinas e equipamentos específicos.

Observamos a evolução da máquina de costura, desde todas as tentativas para a criação da primeira até a conclusão desse processo, os tipos de máquinas de costura e suas respectivas funções e os aparelhos utilizados para a confecção de moda praia e lingerie.

Agora é com você!

1) Indique os nomes dos inventores que compõem o portfólio das máquinas de costura mais primitivas e suas alternativas, citando datas, para a confecção têxtil.

2) Quais as diferenças entre o processo de costura doméstico e o processo de costura industrial? Cite os setores, funcionários e respectivas funções.

3) Cite os principais modelos de máquina de costura doméstica e suas funções.

4) Quais são os principais modelos de máquina de costura industrial? Comente a respeito de suas funções.

5) Quais os principais tipos de pontos e agulhas utilizados na costura e confecção de peças? Cite os estudados no conteúdo deste capítulo e suas respectivas funções.

5

Base e Aplicação de Acessórios

Para começar

Este capítulo tem como objetivo apresentar o conceito de planejamento de uma coleção de moda, bem como suas bases, formas, texturas e aplicação de acessórios.

Será possível a compreensão da análise e interpretação de uma ficha técnica; escolha de peças e acessórios; preparação e acabamento de peças do vestuário.

5.1 Análise e interpretação da ficha técnica

Uma coleção bem-planejada começa com a análise de desempenho das coleções anteriores.

Os sistemas de ERP permitem uma análise minuciosa, e conseguem gerar relatórios em que consta ranking de vendas discriminado por produtos, cores e tamanhos que mais venderam.

A partir dos relatórios de vendas é possível decidir por produtos que receberão uma aposta menor e produtos que têm potencial para se tornarem básicos e fazerem parte do mix de produtos por muitas coleções.

Nas empresas que liberam suas produções vinculadas a pedidos, a sobra de mercadorias é controlável, porém mesmo assim existem os lotes mínimos de produção e o estoque mantido para abastecer as lojas de varejo ou os clientes de pronta entrega. Já nas empresas que trabalham com pronta entrega essa sazonalidade de vendas e o risco da sobra de produtos são muito maiores, logo a análise dos relatórios é essencial para entender o comportamento de consumidor.

Na análise de desempenho dos produtos, existem vários fatores que devemos levar em consideração:

» A data em que o produto entrou no PDV era adequada para a venda daquela mercadoria?

» O modelo está com tecido, modelagem e preço adequados?

Sendo o produto um modismo, ele correspondia ao período correto de entrada, ou seja, não foi "queimada a tendência"? Queimar a tendência significa lançar um produto antes de o seu cliente estar preparado para recebê-lo.

Os números de um relatório de moda não podem ser considerados absolutos. Fatores humanos influenciam nas vendas, portanto é essencial conversar com os profissionais envolvidos diretamente nas vendas e fazer reuniões com a equipe comercial.

Após a análise de desempenho de produto é o momento de planejar a coleção. O planejamento de coleção consiste em determinar a quantidade de modelos que irão compor o mix de produtos, as faixas de preços que serão trabalhadas e o cronograma de execução.

O planejamento de uma coleção deverá partir do faturamento desejado. Assim, essa diretriz parte da direção comercial da empresa para o departamento de produto. Hoje as empresas contam com um profissional chamado "merchandiser", que deverá ter um olhar treinado de moda e um raciocínio lógico para analisar os números. A seguir, uma sugestão do departamento de merchandising baseado em histórico de vendas.

Após determinar o número de produtos e a variedade de modelos, é o momento de organizar o cronograma de desenvolvimento dessa coleção. Esse cronograma serve para determinar datas para todas as etapas que envolvem uma coleção de moda.

O objetivo final do cronograma é a data de comercialização dos produtos.

Determinados o mix de produtos e o cronograma de coleção, muitas empresas optam por montar um mapa de coleção, que conta com um resumo de produtos, cores, faixas de preços e modelos que serão fabricados e comercializados.

O mapa de coleção é uma ferramenta extremamente visual, e quando pronto apresenta o mix de produtos de tops e bottons e mostra a dimensão da coleção. Através dele é possível analisar, por exemplo, se existe falta ou excesso de produtos.

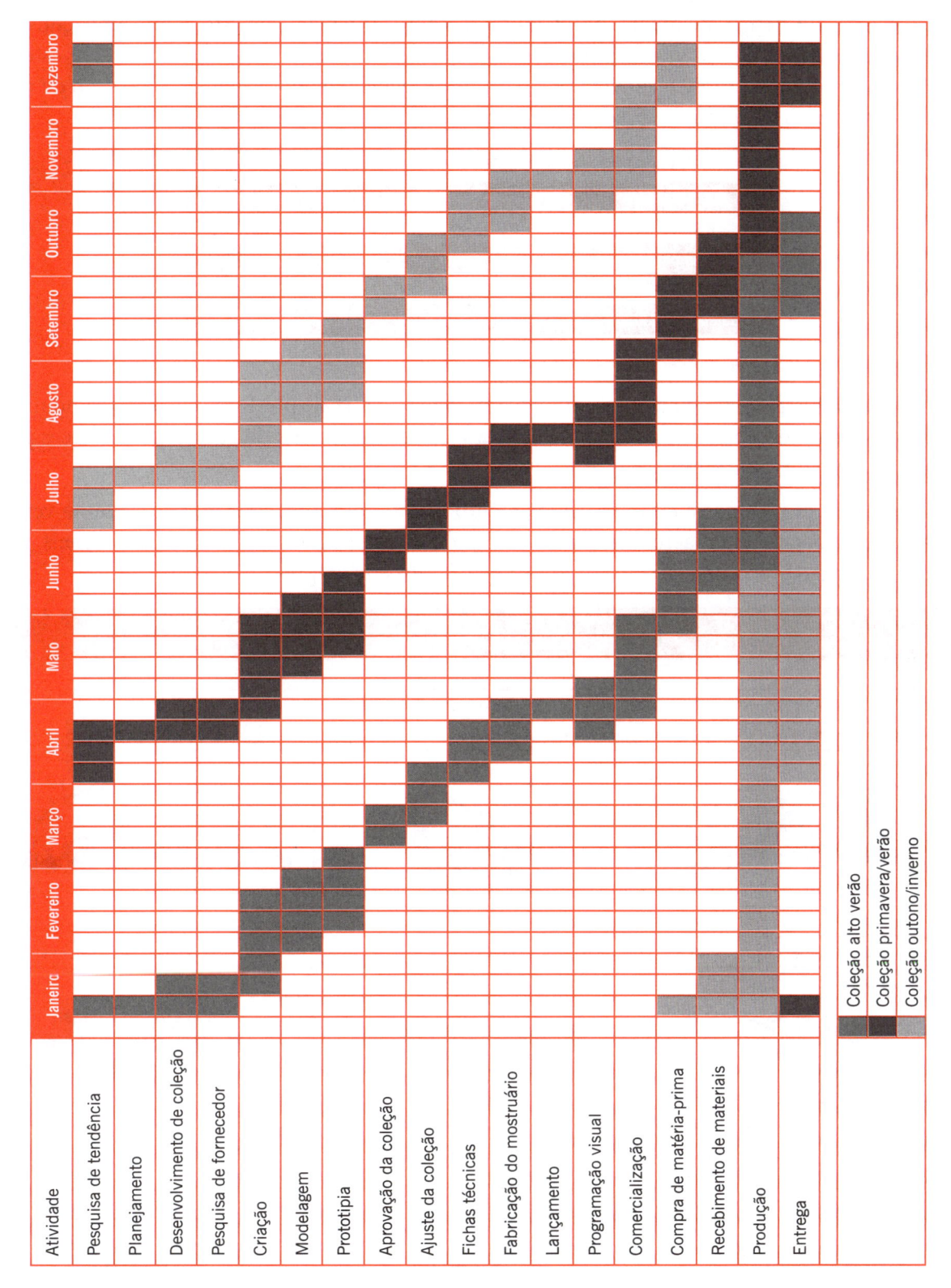

Figura 5.1 – Cronograma de coleção.

A equipe de desenvolvimento de produto receberá um planejamento, onde irão constar o número e a descrição dos produtos a serem criados e as faixas de preços sugeridos. Esse estudo é baseado nas vendas anteriores, e convém que o estilo e o planejamento discutam a inclusão de novos produtos e alteração nas faixas de preços baseadas na pesquisa de tendências.

Quadro 5.1 – Planilha de planejamento (mês/ano)

Sutiã algodão	Sutiã poliamida	Sutiã poliamida
R$ 39,90	R$ 49,90	R$ 59,90
Calcinha poliamida	Calcinha poliamida	Calcinha poliamida
R$ 19,90	R$ 24,90	R$ 29,90
Calcinha algodão	Calcinha algodão	Calcinha algodão
R$ 14,90	R$ 19,90	R$ 24,90

No mapa ilustrado a seguir, apresentamos um mapa de mix de produtos que entrará no mês de agosto. A estrutura do mapa de mix de produtos deverá ser organizada de acordo com a necessidade e o planejamento de cada empresa.

Neste caso essa empresa fará um planejamento macro para uma estação, por exemplo verão, e dividirá esse planejamento macro por ciclos ou entradas, que podem ser semanais, quinzenais, mensais ou bimestrais, de acordo com o modelo de negócio de cada empresa.

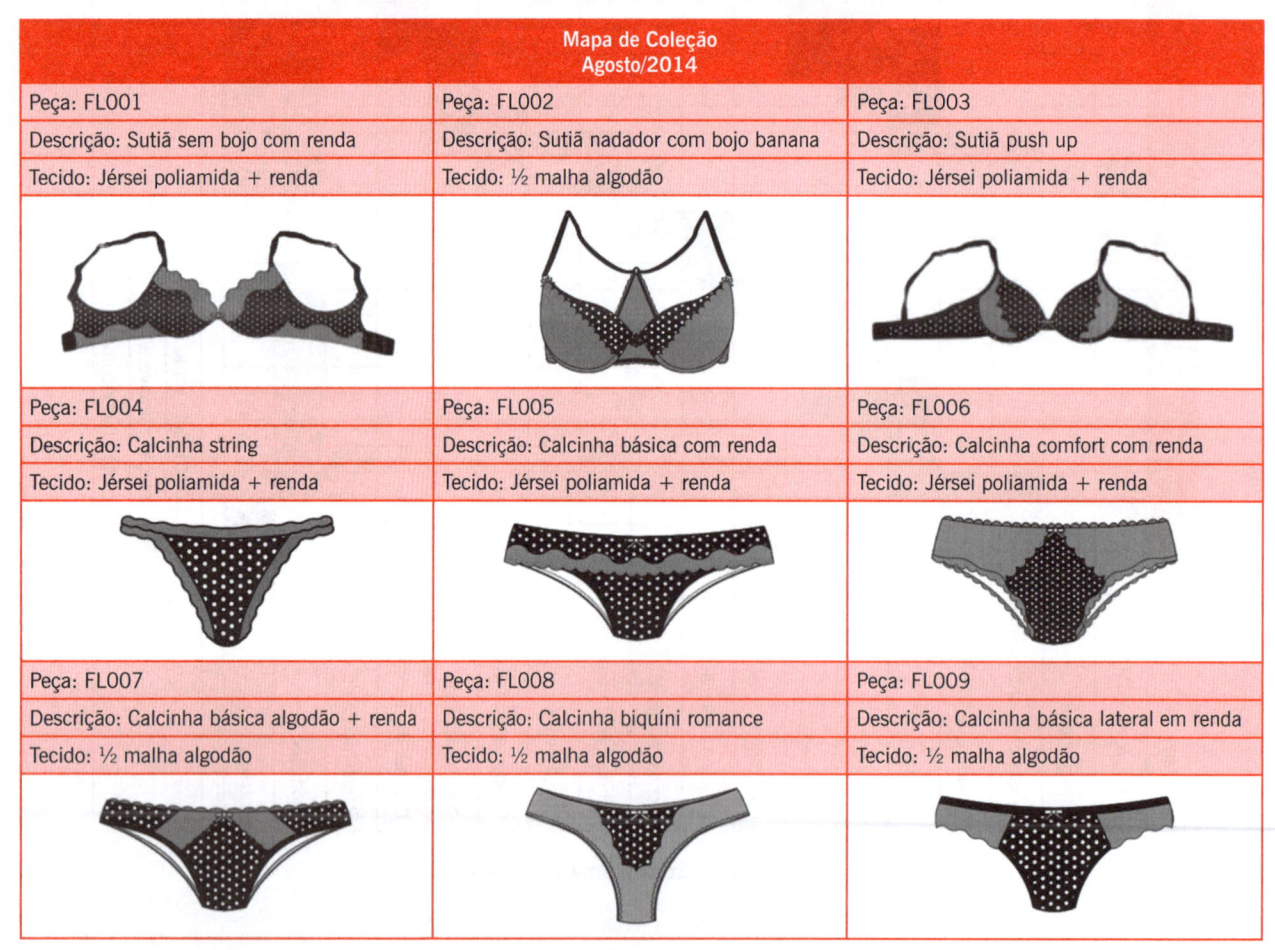

Figura 5.2 – Mapa de coleção – agosto 2014.

O produto passa por diversas etapas até se transformar em uma peça pronta para venda. O processo de desenvolvimento de produtos é formado pelas etapas a seguir:

» desenho técnico;

» ficha técnica;

» escolha de tecidos e aviamentos;

» modelagem;

» prova de protótipo ou peça-piloto;

» aprovação.

Somente após a aprovação da peça-piloto a ordem de corte ou o pedido de compra serão gerados, e então as próximas etapas poderão ser concluídas. Essas etapas são:

» corte;

» costura;

» acabamento;

» comercialização.

5.2 Escolha de peças e acessórios

A ficha técnica é documento do produto. É importante ressaltar que ela é a certidão de nascimento e posteriormente irá se juntar a outros documentos, como a ficha de custos, ordem de corte ou pedido de compra e a movimentação de estoque.

É a partir da ficha técnica que o estilista dará os primeiros passos para transformar o seu desenho planificado em realidade, desenho este que poderá ser feito à mão ou a partir dos softwares que exemplificaremos a seguir.

As fichas técnicas deverão conter todas as informações necessárias para o desenvolvimento de um produto, mas vale lembrar que de acordo com o modelo de negócios da empresa, se fabrica ou terceiriza seus produtos, diferentes informações serão relevantes nesse processo.

Algumas informações são obrigatórias e outras são opcionais. A seguir está um descritivo das informações que compõem esse importante documento do mercado têxtil:

» Cabeçalho: no cabeçalho estarão agrupadas as informações básicas do produto, como data de desenvolvimento, nome da empresa, tamanho da peça-piloto, grade de ampliação da peça (38/40/42/44), coleção à qual pertence (verão 2015).

» **Dados de identificação:** esse espaço será destinado às informações do produto, referência da peça (SB001), descrição da peça (Top Tomara que Caia), nome da peça (Top Manuela), estilista responsável, modelista responsável, data de entrega da peça-piloto.

» **Principais materiais:** é de extrema importância detalhar os materiais que irão compor a peça; por exemplo, em peças que utilizam mais de um tecido, estes deverão ser discriminados. Podemos assinalar como tecido 1, tecido 2, tecido 3, e descrever as características de cada um, e os pedaços de tecido podem acompanhar a ficha técnica. Aqui também assinalamos forros, se houver. É importante adotar uma nomenclatura universal aos tecidos e sinalizar a tecelagem fabricante do tecido, sua referência, composição, gramatura, rendimento e largura. Esses dados serão importantes para os departamentos de compras, modelagem e corte, pois através deles o pedido de compra seguirá correto para a tecelagem e o modelista e o cortador poderão calcular o consumo corretamente e produzir a etiqueta de composição e instrução de lavagem.

» **Aviamentos:** zíperes, colchetes, bojos, ponteiras, barbatanas, botões, etiquetas, enfim, todos os aviamentos deverão estar descritos aqui e, assim como os materiais principais, deverão ser anotados corretamente fabricantes, referências, cores e quantidades. Essa é uma garantia de que as próximas etapas serão concluídas com sucesso, evitando assim desperdícios ou falta de materiais.

» **Desenho técnico:** é um desenho planificado e tem a finalidade de comunicar ao modelista a ideia do estilista. O desenho apresentará frente e costas e normalmente será feito em softwares de desenho como CorelDraw, Ilustrator e Kaledo. Em casos raros nos dias atuais, pode ser feito à mão. Esses desenhos precisam conter proporções exatas, tipos de pespontos e localização dos aviamentos bem sinalizada. Comprimento e largura da peça e dos elásticos também deverão ser especificados nesse desenho. Se necessário, os detalhes deverão ser desenhados em tamanho ampliado, como o encaixe dos recortes de uma calcinha, por exemplo.

» **Descrição da peça:** nesse espaço o profissional irá colocar a descrição de detalhes fundamentais para que o produto saia como planejado, como: camiseta cavada com parte traseira com elástico no centro para franzir a peça.

» **Embalagem:** indicar qual embalagem será utilizada na peça. Por exemplo: kit calcinha e sutiã seguirá com cabide e embalagem plástica, ou biquíni será embalado em nécessaire transparente.

» **Serviços diversos:** sinalizar os beneficiamentos pelos quais o produto passará, se passará por processo de lavanderia, estamparia, bordado, entre outros.

» **Sequência operacional e de montagem:** essa etapa será preenchida pelo modelista para instruir a piloteira e posteriormente as costureiras do produto. Na sequência operacional e de montagem serão relacionados às máquinas e ao tempo de cada operação até o produto ficar pronto.

» **Variantes de cor:** são as combinações de cores com que o produto será comercializado. Aqui, em alguns casos é necessário colocar o código Pantone ou código de cor do fabricante de tecido e/ou aviamentos para evitar confusões. As variantes de estampas também são discriminadas aqui.

Fica clara no descritivo da ficha técnica a importância desse documento para a confecção dos produtos. Uma ficha técnica bem-elaborada e preenchida garante o sucesso da compra dos materiais e a composição do custo do produto.

	Ficha Técnica – Desenvolvimento de Produto				
LOGOTIPO	Coleção:	Verão 2014- Entrada Agosto/2014			
	Referência:	FL001			
	Descrição:	Sutiã Jérsei Poliamida com Renda			
	Data:	01/10/2013		Data de Retorno:	01/11/2013
	Variante-piloto:	Preto/Branco		Tamanho-piloto	42
Tecido 1: Jérsei	Fornecedor	Santa Constância		Consumo: 0,24 cm	
Tecido 2: Renda	Fornecedor	Santa Constância		Consumo: 0,13 cm	
Tecido 3 : -	Fornecedor	-		Consumo: -	

Aviamento	Quantidade	$ Unitário	Fornecedor	Localização	Cor
Argola 0214	2	0,05	Mix Metais	Alças	Níquel
Regulador 3240	2	0,10	Mix Metais	Alças	Níquel
Bojo Banana 033	2	1,40	Magma	Busto	Preto
Elástico 025	100,0 cm	0,12	Tekla	Alças	Preto
Elástico F432	0,60 cm	0,10	Tekla	Cintura	Preto
Aro GG435	2	0,45	Taquara	Busto	Preto
Colchetes 4325	1	0,33	Tekla	Costas	Preto

Desenho	
Modelista:	Marcela
Cortador:	Romulo
Piloteira:	Odete
Descrição do Produto	Sutiã da linha romântica em renda; seguir as instruções do desenho técnico; atenção aos aviamentos descritos.

Variantes de cores			Beneficiamento	Fornecedor
Cor	Pantone	%		
Preto	19-5703TPX	50	-	
Branco	11-4201TPX	50	-	

Sequência de Operações
1. Cortar tecido da lateral no fio contrário;
2. Montar os bustos e aplicar os bojos;
3. Colocar o aro;
4. Colocar os elásticos;
5. Montar as laterais;
6. Colocar os colchetes;
7.
8.

Figura 5.3 – Modelo de ficha técnica.

Após a ficha técnica pronta e preenchida corretamente, é o momento de o estilista passar o desenvolvimento à modelista, que irá então explicar corretamente tudo o que deseja e garantir que não restarão dúvidas. Caso exista alguma peça ou foto que poderá servir como base para a modelista, estas deverão seguir junto com a ficha técnica.

Com o desenvolvimento em mãos, a modelista fará o molde do produto, que seguirá para o corte e almoxarifado. No almoxarifado, com uma cópia da ficha técnica, o responsável irá separar os aviamentos que farão parte daquele produto. O tecido normalmente é separado pela modelista e/ou cortador, que ficam com algumas amostras de tecidos disponíveis nos departamentos.

Com a peça cortada e todos os aviamentos separados, é chegado o momento de montar a peça. A modelista ficará responsável por passar as coordenadas de montagem do produto para a piloteira, porém nada impede que piloteira, estilista e modelista se comuniquem e discutam a melhor maneira de tirar aquela peça do papel.

Quando a peça é finalizada, ela volta para as mãos da modelista, que, junto com a estilista, faz a prova da peça. Caso existam ajustes ou alterações, o que é muito comum em uma primeira peça, será feita uma nova peça, até que ela seja lacrada e liberada para as próximas etapas.

Após a aprovação do produto pelo departamento de estilo, é a hora de liberá-lo para fabricação. Indica-se a aplicação de um lacre numerado na peça piloto aprovada, o que minimiza o risco de a produção receber uma peça diferente da peça aprovada. Essa peça acompanhará a produção para que as costureiras possam consultá-la caso haja alguma dúvida.

Nessa etapa de fabricação a logística irá depender da estrutura da empresa. Se for uma empresa que fabrica e comercializa os produtos, a produção se encaminhará da seguinte maneira:

5.2.1 Fabricantes

Os fabricantes são as empresas que possuem todas ou a maioria das etapas internas.

Figura 5.4 – Modelo de negócio dos fabricantes.

Esse modelo de negócio exige uma grande estrutura física e de pessoal e profissionais especializados, além de ser essencial um ERP (*Enterprise Resource Planning*, ou Sistema Integrado de Gestão Empresarial – SIGE) que funcione integradamente para a gestão correta de todas as etapas.

As empresas fabricantes podem atuar no varejo ou terminar sua distribuição até o seu cliente de atacado, que fará a venda dos produtos no varejo.

O profissional que atua nos departamentos de desenvolvimento de produtos, engenharia de produtos e modelagem de empresas fabricantes deverá ter um nível de conhecimento técnico de produto elevado e capacidade de desenvolver um bom trabalho em equipe. Possuir conhecimento de todas as etapas que envolvem o desenvolvimento do produto será um diferencial positivo para esse profissional, pois assim ficará mais fácil, por exemplo, a comunicação com a modelista e a piloteira na busca pelo produto ideal.

Essas empresas normalmente iniciam seus desenvolvimentos de produto 9 a 12 meses antes de o produto chegar ao ponto de venda (PDV). A vantagem desse modelo de negócio é a gestão total dos processos, que evita perdas e danos aos produtos no meio do caminho de produção e garante uma maior gestão do tempo em que os processos acontecem. Como desvantagem, a empresa possui um quadro de funcionários muito maior e uma capacidade produtiva que precisa ser muito bem coordenada para evitar o ócio ou o excesso de trabalho.

5.2.2 Desenvolvimento interno x produção externa

Outro modelo são empresas que possuem modelagem e corte internos porém a costura e o acabamento são feitos por facções e depois retornam para a empresa distribuir os produtos. Essas empresas se estruturam da seguinte forma:

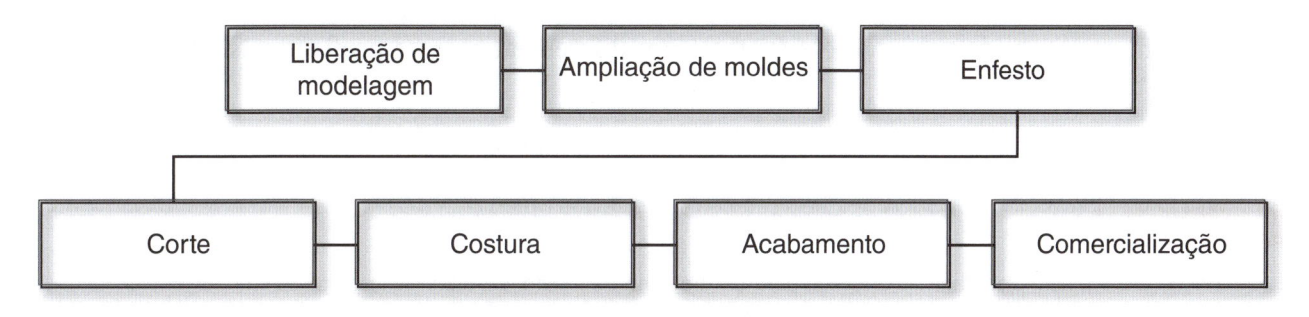

Figura 5.5 – Modelo de negócio de desenvolvimento interno × produção externa.

Nos mercados de lingerie e moda praia, esse modelo de negócio é comum, pois esse tipo de empresa prefere negociar seus volumes totais de tecido, revisá-los, cortá-los e só depois distribuir para as facções que irão fechar e acabar as peças.

Esse modelo permite uma negociação de volumes e valores com as tecelagens, uma revisão minuciosa da qualidade dos tecidos e cortes com encaixe de acordo com o que os departamentos de produto e modelagem idealizaram. Essas são as vantagens dessa forma de trabalho.

O profissional que atua na criação e modelagem de empresas que possuem esse modelo de negócio deverá possuir conhecimento de montagem de peças, bem como tempo de pilotagem e produção de mostruário. Dessa maneira será possível seguir um cronograma e cumprir as datas de cada etapa do processo.

Empresas que atuam dessa maneira podem comercializar seus produtos nas formas de atacado e varejo. Abordaremos isso posteriormente.

5.2.3 Criação e desenvolvimento internos x fabricação externa

Existem empresas que possuem os departamentos de pesquisa e criação internos, porém todo o desenvolvimento de produtos é terceirizado. É o caso de varejistas como C&A, Renner, Zara, Pernambucanas, entre outras.

Essas empresas não emitem ordem de corte e sim um pedido de compra.

O processo consiste em viagens para pesquisa, de onde nascem as ideias que irão compor o mix de produtos solicitado pelo departamento de planejamento de coleção. Após as fichas técnicas completas, o departamento de criação transfere a responsabilidade para o departamento de compras.

Os compradores e sua equipe farão uma prospecção de fornecedores capacitados, solicitarão as amostras de matéria-prima e posteriormente os protótipos dos produtos, e então é marcada uma reunião envolvendo criação, compras e departamento comercial. Nessa reunião acontecem a apresentação dos produtos e escolha das peças que possuem os atributos de design e preços ideais para que a compra seja efetuada.

Uma vez escolhidos, serão emitidos os pedidos de compras, que possuem datas rígidas de entrega, acordadas em contratos que contemplam multas caso haja o descumprimento das cláusulas. Possuir conhecimento de negociação e custos é um diferencial para os profissionais de criação que atuam nessas empresas.

Essas empresas também poderão atuar tanto nas vendas de atacado como nas de varejo.

Fique de olho!

Uma ficha técnica bem-elaborada é o segredo para um trabalho bem-feito e a otimização do tempo no desenvolvimento. Aproveite os benefícios que os softwares disponíveis no mercado oferecem e faça da sua ficha técnica o documento de um produto bonito que será sucesso de vendas.

O site da Audaces explica de maneira lúdica o processo de confecção de uma ficha técnica completa. Para mais informações, acesse o link: <http://www.audaces.com/br/Producao/Falando-de-Producao/2013/10/8/como-fazer-uma-ficha-tecnica-completa>. Acesso em: 23 jan. 2015.

5.3 Preparação e acabamento de peças do vestuário

A seguir, estudaremos os processos de preparação de peças de vestuário, incluindo o papel da modelagem 2D, programas de computador utilizados e técnicas de estamparia, bem como o acabamento dessas peças.

5.3.1 Benefícios da criação em softwares voltados para modelagem em 2D

O esboço é o principal meio de pensamento. Criadores, principalmente aqueles que tenham contato com algum tipo de desenho convencional, iniciam a concepção do projeto com esboços no papel e, em seguida, enviam o resultado desse processo para algum software de CAD, onde o desenho passa para o formato digital. Apesar de usual, esse processo pode demorar muito tempo, dependendo, é claro, da tecnologia existente e do conhecimento para utilizá-la.

Essa fórmula persiste porque a tecnologia não conseguiu acabar com as lacunas entre esboços manuais no início do processo criativo e seus refinamentos, com o auxílio do computador. Grande parte dos produtos de CAD disponíveis no mercado não permite sua utilização nos passos iniciais de um projeto, um momento intuitivo e individual.

Esses mesmos produtos, no entanto, são uma unanimidade nas etapas de cadastro, desenvolvimento do desenho em 2D, renderização e animação de objetos.

Os softwares disponíveis oferecem diversos recursos para desenho, que vão desde o início do processo criativo, passando pelos detalhes executivos e que podem ir até a finalização das padronagens e cores de uma peça.

Outra facilidade encontrada nos programas disponíveis são as bibliotecas de objetos integradas a eles e que permitem a perfeita visualização dos espaços enquanto o projeto ainda está na tela do computador. Além disso, é possível integrar aos softwares de desenho os programas de cálculo e orçamento, o que possibilita identificar o quanto cada modificação ou inclusão de detalhes impacta no custo final da obra.

O desenho assistido por computador apresenta ganhos inegáveis. Com ele obtêm-se aumento de produtividade, maior precisão, facilidade de alteração e controle da dimensão.

A implantação dos sistemas CAD, da computação gráfica, da tecnologia da informação e dos recursos associados à web é uma demanda do mercado e dos clientes que procuram integrar todos os projetos de maneira informatizada.

Motivos e benefícios do uso desses softwares são mais do que suficientes para que haja uma corrida pela informatização dos escritórios que não querem e não podem ficar desatualizados.

Para implantar sistemas informatizados, os escritórios precisam investir dinheiro, tempo, informação e organização. Quando começam, as mudanças são rápidas, e o planejamento aliado ao conhecimento das possibilidades dos sistemas CAD permite que o potencial destes seja totalmente aproveitado.

5.3.2 Utilização na modelagem 2D

A modelagem 2D é utilizada em diversas áreas profissionais e está basicamente presente em quase todas as áreas do conhecimento humano.

5.3.2.1 Modelagem 2D na engenharia civil e arquitetura

No caso da engenharia, sua maior contribuição ocorre no modelamento dos produtos e componentes e no detalhamento de seus desenhos. Em alguns sistemas CAD, o termo "*design*" foi trocado por *drafting*, tal sua aplicação como elemento puramente voltado à documentação do projeto, o que em alguns casos pode levar a subutilização do sistema.

Outros sistemas que atuam na área de cálculos de engenharia são chamados de CAE (*Computer Aided Engineering*), onde são realizadas outras atividades do tipo análise estrutural por elementos finitos (FEM), análise de escoamento, simulações multicorpos, análise de tensões, entre outras.

Os softwares CAD costumam ser utilizados por um nicho pequeno de usuários, devido à sua intensa especialização e seu alto custo financeiro. Existem poucas ferramentas livres nessa área, e em muitos aspectos ficam aquém dos softwares comerciais. Também costumam demandar hardware caro.

CorelDraw

O CorelDraw é um programa de design gráfico pertencente à Corel Corporation. É um aplicativo de ilustração e layout de página que possibilita a criação e a manipulação de vários produtos, como por exemplo: desenhos artísticos e publicitários; logotipos; capas de revistas, livros, CDs; imagens de objetos para aplicação nas páginas de Internet, botões, ícones, animações gráficas, confecção de cartazes, entre outros.

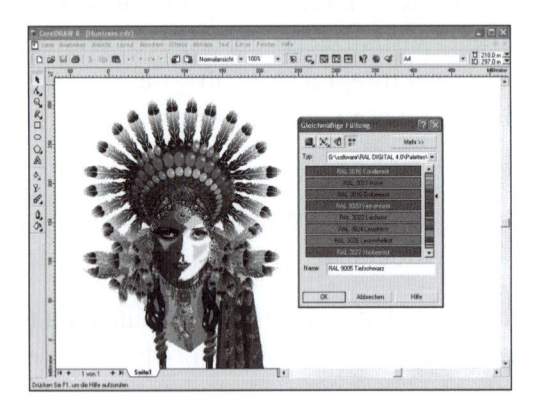

Figura 5.6 – Imagem representativa do software CorelDraw.

5.3.2.2 Modelagem 2D na animação

Podemos definir animação como a arte, ou a técnica, que consiste em fotografar em sequência uma série de imagens, feitas de forma que, ao ser projetada, figuras ou objetos se movam como na ação ao vivo.

Tudo que é filmado normalmente com pessoas ou até mesmo fundos a serem compostos com a animação se chama AO VIVO ou simplesmente VIVO. Isso vem da tradução do inglês LIVE ACTION.

Chama-se ANIMAÇÃO DIGITAL ou 3D tudo que for animado usando como ferramenta os programas tridimensionais de animação por computador. Isso porque a finalização dos desenhos na animação tradicional também é feita com computadores e programas de computação gráfica, mas não de animação tridimensional.

Quando nos referimos à filmagem de bonecos ou objetos, podemos chamar simplesmente de STOP MOTION, devido a sua forma de captação. Com relação à animação tradicional, chama-se de 2D.

After Effects

O Adobe After Effects fornece as principais ferramentas 2D e 3D para composição, animação e efeitos necessárias para todos os profissionais que trabalham com animações, para web designers e profissionais de vídeo.

Figura 5.7 – Imagem representativa do software After Effects.

5.3.2.3 Modelagem 2D para vestuário

A modelagem industrial plana, conforme já mencionado, também pode ser desenvolvida por meio de sistemas CAD/CAM, com softwares criados com ferramentas específicas para a confecção dos moldes, a graduação e o encaixe, criando peças básicas de vestuário em cinco minutos e evitando o desperdício de tecidos na hora do corte.

Esses sistemas facilitam o processo produtivo por representarem uma grande economia de tempo, permitindo que os moldes sejam desenvolvidos por meio da alteração de bases arquivadas no sistema ou da digitalização de moldes produzidos fora do sistema.

O processo é simples e segue os mesmos princípios apresentados no método para modelagem manual. Entretanto, em vez de utilizar mesa, régua, papel, lápis e tesoura, a execução dos moldes é desenvolvida na tela do computador. O traçado é realizado com a inserção das medidas e com a movimentação de pontos, utilizando o mouse e as ferramentas disponíveis.

Depois de desenvolver o molde no computador ou na mesa digitalizadora (equipamento que ajuda na criação do desenho), o modelo é reproduzido em um plotter, espécie de impressora que produz desenhos em grandes dimensões. Na sequência, basta colocar o molde sobre o tecido e cortar a peça.

Pode-se considerar como grandes vantagens na utilização de sistemas CAD/CAM a agilidade e a precisão no momento de efetuar a graduação e o encaixe dos moldes.

É possível configurar uma gradação automaticamente, por meio das medidas da tabela utilizada pela empresa, usando-se o mouse para controlar ângulos e distâncias entre as partes do molde, definidas pelas regras gravadas no sistema. Este também gerencia as devidas alterações de piques e margens de costura e calcula as alterações nos moldes em função de percentuais de encolhimento previstos para cada tipo de tecido.

A simulação do encaixe dos moldes no tecido também pode ser feita utilizando ferramentas de encaixe automático e interativo, ajustadas pelo operador. O sistema mostra-se extremamente vantajoso, economizando tempo e matéria-prima, uma vez que, concluído o processo de simulação do encaixe, o sistema fornece o consumo total de tecido, de acordo com sua largura, além do consumo médio por peça e do índice de aproveitamento para a produção.

O encaixe dos moldes feito no sistema CAD/CAM é liberado pronto para a produção das peças em seu tamanho natural e com o consumo mínimo calculado anteriormente, além de respeitar, com exatidão, o fio do tecido para o corte de cada parte da peça.

O investimento na modelagem assistida por computador consiste na aquisição do software, da mesa digitalizadora e do plotter, além de ser necessário um computador para a instalação. A maioria dos fornecedores oferece um pacote completo com o software, a mesa digitalizadora, o plotter e o treinamento para ajudar na utilização do produto. Porém, conforme os recursos do software, é possível até dispensar o uso da mesa. Para quem não pode comprar o software, alguns fornecedores alugam o programa ou prestam serviços de impressão de moldes.

É importante tomar alguns cuidados básicos antes de comprar um software de modelagem. Primeiro, verifique se a sua confecção tem um volume de produção que justifique o investimento. Além disso, é necessário ter um microcomputador com configuração suficiente para fazer o software funcionar. Escolha também um fornecedor que dê treinamento gratuito e que possa financiar a compra dos equipamentos.

Não se esqueça de verificar ainda se o fabricante oferece suporte técnico e atualização periódica do programa. Esse procedimento serve para deixar o software sempre mais eficiente, com a inclusão de novos recursos.

Audaces

A Audaces foi fundada em 1992, e desde então seus produtos são destaque no mercado, porque possuem diferenciais que levam agilidade, qualidade e eficiência aos setores de confecções, móveis, estofados, transportes, vidros, papel e metalomecânico.

O software disponibiliza ferramentas em diferentes estilos e desenvolve soluções fáceis de usar que se adaptam a todos os tipos de necessidades, tornando-se uma referência em tecnologia nos quatro cantos do mundo.

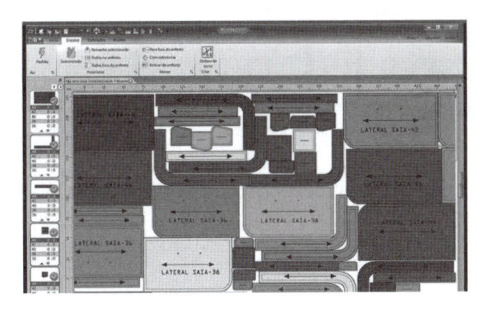

Figura 5.8 – Imagem representativa do software Audaces.

Marvelous Designer

O Marvelous Designer permite criar roupas virtuais em 3D. Com esse software é possível dar vida aos projetos por meio de ferramentas que melhoram a qualidade e poupam tempo. Das camisas básicas até vestidos plissados e uniformes, esse software pode praticamente duplicar texturas de tecido e propriedades físicas para o último botão, dobras e acessórios.

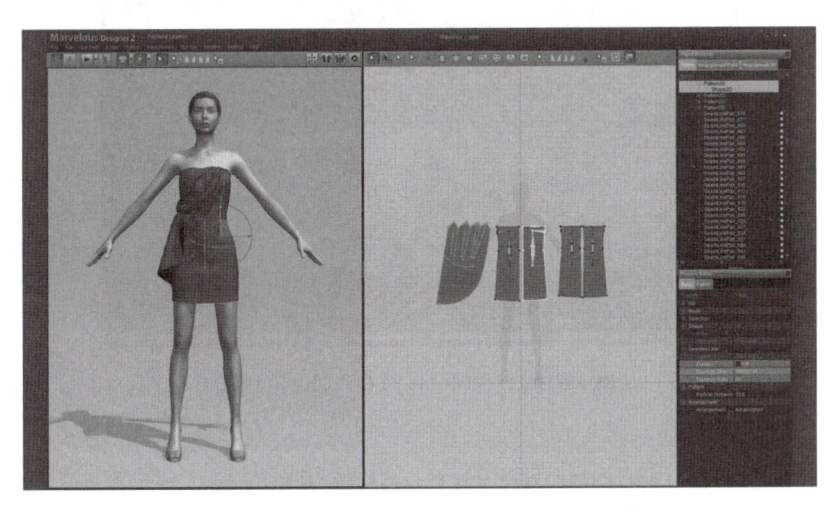

Figura 5.9 – Imagem representativa do software Marvelous Designer.

TexWare CAD/CAM

A TexWare CAD/CAM Têxtil surgiu através da criação de profissionais brasileiros experientes nas áreas de informática, eletrônica e CAD/CAM.

A empresa foi inaugurada em 2004, atendendo vendas, instalações, manutenção de computadores e redes, treinamentos em CAD, manutenção e venda de plotters em pequenos e grandes formatos, revenda de softwares CAD de modelagem e risco, softwares de desenho técnico, tecelagem e estamparia e corte automático (CAM).

Além do desenvolvimento e da comercialização de softwares, também fabrica e comercializa plotters, máquinas de corte automático e elaboração de projetos virtuais para Visual Merchandising.

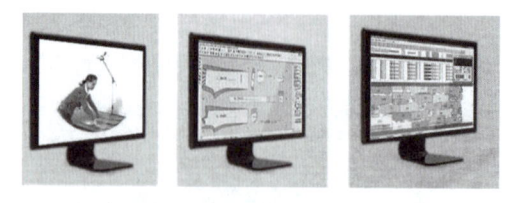

Figura 5.10 – Imagem representativa do software TexWare CAD/CAM.

RZ CAD Têxtil

O RZ CAD permite ao usuário realizar várias funções em um mesmo software, como:

» modelagem;

» encaixe manual;

» encaixe automático (inteligente);

» criação de modelagem através de uma foto (digifoto).

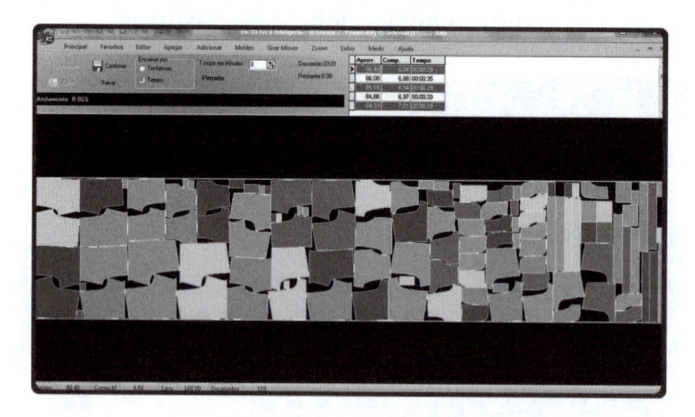

Figura 5.11 – Imagem representativa do software RZ CAD Têxtil.

5.3.3 Acabamento de peças do vestuário

O acabamento de peças consiste no beneficiamento e cuidado das peças ao final do seu processo de criação e confecção.

Dentre as técnicas que consistem no beneficiamento e cuidados dessas peças, podem-se citar: estamparia, lavagens e alvejamento, tingimento, entre outras.

5.3.3.1 Técnicas de estamparia

De acordo com muitas pesquisas históricas, o surgimento das estampas se deu antes de Cristo. Os primeiros relatos foram encontrados em países como Índia e Indonésia. Em seguida a esses, o país de destaque foi o Egito.

As primeiras técnicas de estamparia eram bem diferentes das que conhecemos atualmente: consistiam basicamente em sobras de tinta que eram gravadas em blocos de madeira.

Um método datado de muitos anos e que ainda é comum atualmente é o estêncil. A técnica consiste na criação de uma chapa, que tem normalmente como matéria-prima principal o acetato, vazada no desenho que quer se dar à peça. A parte vazada da chapa permitirá que a tinta atravesse para o outro lado, colorindo a peça.

Apesar de as técnicas mais diversas serem encontradas em diversos países e continentes, os países orientais sempre se destacaram no processo têxtil da estamparia.

Das técnicas e processos mais antigos de que se têm relato, ganham destaque as dos blocos de madeira que eram apoiados sobre o linho, durante a Idade Média, e a da serigrafia sobre o linho.

A serigrafia ainda é uma técnica muito comum. Os primeiros relatos de seu uso advêm de escavações em tumbas egípcias de mais de 8.000 anos.

A técnica do batique, também comum aos nossos dias, surgiu na Ásia. A descoberta ocorreu através da aplicação da cera sobre o tecido, tecido este normalmente originado de fibras têxteis naturais vegetais, como o algodão. Onde a cera era aplicada a tinta não conseguia atingir, e onde não havia cera a tinta conseguia penetrar as fibras, causando um efeito óptico intrigante e excelente. Dependendo de onde a cera fosse aplicada, ali era criada a estampa.

Porém, para realizar a técnica do batique, existem duas opções diferenciadas: a técnica do batique javanês, em que o efeito também é produzido pela aplicação de cera e de tinta, mas a peça ganha ainda banhos sucessivos de tinta. Já a técnica do batique africano utiliza utensílios e também pedras, grãos e sementes para amarrar o tecido.

Algumas técnicas de estamparia são tão antigas que datam de aproximadamente 500 a.C. Após o estabelecimento de regras de entradas e produtos nos portos e o controle de mercadorias, especificamente durante o século XIX, a Europa pôde enfim receber mais tecidos estampados, conhecendo o produto.

A arte da estamparia expressa diferentes procedimentos com a técnica que consiste em artes e desenhos coloridos, em policromia ou monocromia, sobre uma peça de tecido, podendo ser formada através de um desenho localizado ou um desenho que se repete ao longo da metragem da peça de tecido. Porém, a estamparia possui uma finalidade ímpar: dar vida ao tecido.

Em muitas criações voltadas para o mercado de moda, a estamparia aparece como um diferencial das peças ofertadas por muitos segmentos em comum.

Ana Milliet, proprietária do Studio Milliet, fala com propriedade sobre o assunto. Em entrevista concedida ao site E-Mobile, afirma que a estamparia possui funções singulares, como a de personalizar e diferenciar alguma peça ou produto.

Ela diz também que a estampa pode ser personalizada e se destacar por meio da escolha de diferentes cores, para trazer significado singular ao produto. Cita como exemplo a diferenciação do interesse dos públicos-alvo de acordo com suas respectivas faixas etárias. As peças desenvolvidas para o público infantil serão normalmente estampadas com cores alegres e motivos singelos; para o público feminino, com desenhos maiores, cores intrigantes e harmonia estética visualmente atraente; e para os homens, com motivos mais sóbrios, clássicos e geométricos.

O profissional que se especializa em estamparia deve saber que é essencial que ele possua qualificação relacionada às técnicas de coloração, tecnologia têxtil e constante pesquisa sobre as estações do ano e suas principais tendências ditadas pela indústria da moda.

5.3.3.2 Lavagens e alvejamento

De acordo com pesquisa de campo realizada por Oliveira (2003), e publicada como artigo no site Comunidade de Moda, em 2003, as cidades de Maringá, Cianorte e Londrina, no Paraná, representam uma enorme fatia da produção têxtil brasileira.

Entre a produção de diferentes fibras e tipos de beneficiamento, muitas lavanderias se destacam, com a oferta de lavagens industriais de diversos tecidos oriundos de fibras vegetais, especialmente o jeans.

Os processos de lavagem consistem em diferentes técnicas. A seguir é possível conferir cada uma delas, baseada na pesquisa de campo realizada por Oliveira (2003):

» *Advanced color*: consiste em um processo bem rápido de lavagem, que, além de ser mais econômico que os outros processos, pode ser realizado em temperatura baixa, em média de 60 ºC. Esse processo consiste na utilização de um produto específico, chamado Interactive, que realiza o pré-tratamento das fibras celulósicas que antecede o processo de tingimento da peça. Esse processo de tingimento é feito com o auxílio de corantes que são reativos quando submetidos à temperatura de 60 ºC, conforme procedimento realizado nos catálogos de cada uma das empresas fabricantes.

» Bigodes tridimensionais: esse tipo de efeito simula o uso excessivo da peça, como se ela tivesse sofrido desgaste natural do tempo. Esse efeito, realizado através da lavagem, normalmente é feito na parte da frente das calças, especificamente na altura do cavalo. A técnica, além de aplicada em jeans, comumente é realizada em peças cuja composição é de 100% algodão. Os bigodes são divididos em subgrupos, como: bigode com grampo; bigode de prensa e bigode natural.

- » Biofomo: o processo do biofomo consiste em uma técnica que serve para sobretingir as peças confeccionadas e finalizadas, criando, esteticamente, um efeito "mofado" nos pontos que são colocados em baixo-relevo sobre o tecido. Esse efeito é dado normalmente em partes da peça como: cós, passante, costuras laterais, braguilha, barras e bolsos.

- » *Black* desbotado: esse tipo de lavagem é feito em black jeans, dando à peça um efeito desbotado e vintage. O black desbotado é a principal lavagem para se conseguir esse tipo de efeito.

- » Clareamento ou *bleaching*: a técnica de clareamento consiste no uso de permanganato de sódio ou qualquer outro tipo de composto químico utilizado para clarear peças, como o mais popular, o cloro.

- » Corrosão: quando a peça é submetida ao processo de corrosão, normalmente a base química utilizada para isso é o permanganato, aplicado sobre a peça com o auxílio de um giz. Esse permanganato, para causar o efeito de corrosão, é aplicado em costuras, bolsos e detalhes da peça, causando efeito de cor mais clara do que a coloração das outras áreas da peça.

- » Craquelado: o efeito craquelado é obtido por intermédio do uso de pinos e prensas térmicas, aplicados sobre algumas partes encontradas na peça beneficiada. Os lugares mais comuns para a aplicação da técnica são: parte traseira de calças, bolsos e alturas do quadríceps.

- » *Deep blue/black on blue*: a técnica do deep blue é inspirada na já conhecida técnica double-dyed denim. Ela consiste no tingimento do fio de urdume na cor azul, sendo tingido em seguida na cor preta ou azul-escuro. O objetivo da técnica é conseguir, ao longo de sucessivas lavagens, que a cor azul, que está sobreposta, seja revelada.

- » *Délavé* ou *bleached*: o délavé é conhecido como um processo de tingimento reduzido. É normalmente utilizado para a criação do efeito chambray, trazendo aspectos estéticos similares à coloração azulada clara.

- » *Destroyed*: o destroyed dá à peça um efeito de destruição, como já diz o nome. O efeito é criado com o auxílio de compostos químicos similares aos usados no processo de alvejamento. Esses compostos, quando aplicados sobre a peça, corroem diretamente a fibra e deixam a peça com um aspecto de antiga e muito usada. Algumas áreas correm o risco de apresentar efeito puído, dependendo da quantidade aplicada e do atrito.

- » *Dirty blue*: a técnica do dirty blue é normalmente aplicada durante o processo de fabricação do substrato têxtil. Em vez de a peça pronta ter duplo tingimento, este se dá nos fios isolados, que são tingidos de uma cor e sobrepostos por outra. Existem casos em que essa técnica é aplicada no tecido pronto.

- » *Dusty wash*: após o tecido ter sido submetido ao efeito estonado, ele recebe corantes com a coloração dentro da gama de cores do cinza. É aplicado em peças já finalizadas.

» **Ecolzol:** nesse tipo de processo é possível beneficiar a peça com dois efeitos concomitantes, como o tingimento e o amaciamento.

» **Estonagem ou *stonewash*:** nessa técnica, o objetivo principal é acelerar o desgaste do jeans, causando efeito de desbotamento e clareamento da peça. O processo é feito com diversos materiais, para que cause esse efeito. Pedras, enzimas ou os dois são aplicados ao mesmo tempo, e o tamanho da lavadora e a quantidade de matéria-prima influenciarão no efeito desejado para cada peça.

» ***Fix-pin:*** essa técnica se dá através da aplicação de alguns tipos de pinos de plástico em determinadas partes da peça. As peças são colocadas dessa maneira dentro da máquina e lavadas com a intenção de atrito entre si. Ao final do processo de lavagem esses pinos são retirados das peças e as rugas ficam salientes no tecido. Com o tempo, esse tipo de lavagem perde seu efeito.

» ***Fire wash:*** a fire wash se dá principalmente em peças black jeans ou indigo jeans. É feita com o auxílio de corantes vermelhos com o intuito de obter efeitos como terrosos ou alusões ao fogo. É feito em peças já finalizadas.

» ***Gold wash:*** o jeans estonado é a peça mais escolhida para a realização da *gold wash*. A lavagem é feita com tingimento sobreposto, causando efeito de desagaste e envelhecimento da peça. Também é feita em peças já finalizadas.

» **Jato com areia:** o jato de areia causa efeito de corrosão na peça. Normalmente é aplicado em locais específicos. É feito com o auxílio de uma pistola especial para a aplicação pontual do jato. É uma técnica que gera muita polêmica, pois a saúde do aplicador é afetada com o uso do composto químico intitulado grão de areia. Atualmente o jato de areia tem sido substituído por dióxido de alumínio.

» **Jato de permanganato ou permanganato de potássio:** o jato de permanganato também é aplicado com o auxílio de pistolas e serve para causar efeito de clareamento em partes específicas de uma peça. Para que seja possível a melhor visualização da parte da peça que será beneficiada, esta é lixada previamente.

» ***Laser:*** a técnica do laser serve para marcar algumas partes da peça através da queima do corante que foi aplicado previamente no tecido. No caso da aplicação dessa técnica e pelos riscos que podem correr os aplicadores, robôs são escolhidos para efetuar a aplicação.

» ***Light used:*** esse tipo de lavagem é realizado com o auxílio de alvejantes químicos ultrapotentes, causando efeito estético de desgaste e envelhecimento da peça. Normalmente sua aplicação se dá em peças claras.

» **Lixado:** trata-se do desgaste e amaciamento simultâneo da peça. Deve ser feito por máquinas especializadas.

» **Marmorizado:** o processo de marmorização de uma peça é feito com o intuito de envelhecimento da peça. É feito comumente em bases têxteis como o índigo, a sarja, diversos tipos de malha e o algodão. Ele se dá através da oxidação da peça com o auxílio de matérias-primas como: pedras, metal, rolhas, descolorantes químicos e permanganato, causando efeito esbranquiçado ou envelhecido.

- » *Medium distressed*: é mais um tipo de lavagem que é aplicado somente em peças escuras, sendo beneficiado previamente e lixado manualmente após a realização da técnica.

- » *Mud wash*: é normalmente feita em peças com coloração azul ou preta e sobreposta com tingimento de coloração verde, a fim de produzir efeito camuflado na peça.

- » *Overdyeing*: é o processo de sobreposição de tingimento da peça. É aplicado tanto no fio cru quanto no substrato têxtil já tramado.

- » *Paint color*: é o efeito de respingar tintas sobre uma peça, como se esta tivesse sido submetida ao sacudir de um pincel sobre a peça. As peças são colocadas em uma esteira com suporte industrial e passam pelo processo de pigmentação.

- » Peletizado: o efeito peletizado permite efeito aveludado ao toque da peça. Consiste em um processo robotizado de lixamento da peça.

- » Pipoca: para causar efeito de desfiamento do jeans, as peças são passadas por uma máquina que possui inúmeras agulhas em movimento a fim de prensar a peça e puxar individualmente seus fios.

- » *Pré-washed*: o efeito pré-washed, ou pré-lavado, consiste no amaciamento do tecido com a ajuda de enzimas encontradas em amaciantes de roupa ou com base de silicone. Torna o toque do produto mais agradável e mantém permanente a coloração da peça.

- » Resina: a técnica da resina tem como objetivo manter a coloração azulada do jeans e os efeitos dados através do beneficiamento do efeito craquelado e dos bigodes tridimensionais.

- » *Scrunch*: esse processo consiste na colocação da peça, individualmente, numa espécie de rede, onde é sugada por uma máquina a vácuo. Após essa etapa, as peças são colocadas em uma máquina, onde passam por processos de beneficiamento em que são estonadas ou tingidas. As peças são colocadas uma a uma em uma rede, por uma máquina a vácuo. Após esse processo, as peças vão para as máquinas, onde podem ser estonadas ou tingidas em locais específicos, ficando com o efeito manchado ou marcado.

- » *Second hand*: o efeito second hand é dado conforme indica seu nome, segunda mão. Esse efeito dá à roupa uma aparência estética de usada, como se tivesse sido adquirida em lojas que vendem peças antigas e já usadas, como brechós.

- » *Snow wash*: serve para causar efeito esbranquiçado na peça. É feita com respingos de material químico com efeito corrosivo sobre a peça, simulando flocos de neve.

- » *Soft rigid*: serve para amaciar o tecido virgem, que ainda não passou por nenhum tipo de beneficiamento.

- » *Sulphur ecoldye*: serve como método de beneficiamento para criar efeitos de corrosão, puídos, marmorização, bigodes, resinados e pigmentações da peça. Todo o processo é feito à base de composto químico sulfuroso.

- » *Super stone*: serve para realizar diversas marcações no tecido, com base de matéria-prima de lavagem em pedra e enzima. O efeito e sua consequente intensidade estão baseados no número de pedras que é utilizado para o atrito e no tamanho da lavadora.

- » *Superclaras e ice*: lavagem que confere aspecto empoeirado à peça, substituindo peças inteiras com tons claros.

- » *Super stonewash*: esse tipo de técnica demora mais de seis horas, dependendo do efeito que se deseja aplicar à peça. Tem efeito estético de envelhecimento da peça.

- » *Tie-dye*: permite branqueamento ou tingimento pontual à peça ou pedaço de tecido. O processo é realizado pelo tingimento da peça por meio de torção e mergulho em corante. Ao voltar ao seu aspecto normal, ou seja, quando a peça é destorcida, apresenta aparência manchada e colorida em algumas partes.

- » *Ultra-hyper*: serve como tratamento de clareamento da peça, usando uma espécie de composto químico redutor e a aplicação de soda. As peças beneficiadas com esse tratamento químico ficam com um tom acinzentado.

- » *Used*: a peça tratada com o used fica com um aspecto de envelhecida e muito usada. O beneficiamento dado à peça é o uso do jato de permanganato, com base em areia, alumínio ou outras substâncias.

- » *Vintage:* confere à peça um aspecto de branqueamento e envelhecimento em partes pontuais. Traz efeito estético de roupa antiga e de segunda mão.

5.3.3.3 Tingimento

O que aponta o cenário da indústria da moda, especificamente o nicho de mercado das lavanderias, é que o processo de tingimento de peças e produtos é muito popular na área têxtil.

Alguns corantes e pigmentos são aplicados diariamente e em grande quantidade nas principais lavanderias brasileiras, principalmente as localizadas na região Sul do país. A técnica de aplicação dos corantes é minuciosa.

Algumas técnicas e cuidados relacionados ao processo de tingimento determinam a durabilidade e fixação do tingimento ou pigmento na peça. Previne também que a peça sofra danos referentes às lavagens e exposição à luminosidade.

Assim como as técnicas de estamparia, os primeiros pigmentos e tingimentos são datados de antes de Cristo, nesse caso, um pouco antes, 3000 a.C. Os relatos ocorreram em países como China, Índia e Egito e, essas cores eram obtidas através de matérias-primas naturais, como plantas ou minerais.

Porém, apesar de os corantes serem oriundos de matéria-prima natural, a fixação desta é difícil de se dar sozinha, sem o auxílio de outras matérias-primas. Muitos compostos químicos de origem bruta natural, como o alumínio ou o ferro, auxiliam como mordentes e consequentes fixadores do tingimento ou pigmento na peça.

De acordo com pesquisa de campo realizada por Menda, no ano de 2011, a fim de encontrar os principais grupos de pigmentos e corantes e publicada como artigo científico no ano de 2011, as substâncias de coloração que são aplicadas sobre os substratos têxteis são chamadas de pigmentos ou corantes. A função dos dois é a mesma: tingir substratos têxteis, matérias-primas e peças finais acabadas, porém existem diferenças entre os dois tipos.

Os pigmentos normalmente possuem em sua estrutura compostos que são insolúveis, sendo aplicados diretamente sobre o produto, sem dissolução prévia. Os corantes são de origem solúvel em água ou em qualquer outro componente que lhes seja compatível.

Os tipos de cobertura utilizados nos dois tipos de material para tingimento, os corantes e os pigmentos, se distinguem em suas respectivas coberturas. O pigmento, quando aplicado em tinta, promove cobertura simultânea da peça, assim como garante sua opacidade, tingimento e cor. O corante, por sua vez, só consegue promover o tingimento e não a cobertura do produto. O corante, por não promover cobertura, consegue manter a transparência do produto que recebeu sua aplicação; o pigmento, por outro lado, dá cor ao produto e tira essa transparência.

Quando se trata de tintas e vernizes, duas importantes características devem ser citadas: o poder da tinta e a resistência dela à luz. A primeira refere-se à quantidade de pigmento ou corante necessária para que se consiga obter a nova cor desejada para a peça.

Normalmente, o composto químico do corante possui poder de tingimento da peça superior ao do pigmento. Porém, para se obter a coloração desejada é necessário aplicar uma quantidade maior de pigmento do que de tingimento, para que seja possível obter a cor proporcional à oferecida pelo corante.

Em relação à resistência à luz, os pigmentos se apresentam mais potentes que os corantes. O profissional químico responsável pela formulação desses corantes deve escolher adequadamente entre os tipos de pigmentos e corantes disponíveis o mais adequado para cada tipo de peça.

A maioria dos corantes e pigmentos oferecidos no mercado normalmente é em formato de pó, cabendo aos produtores e responsáveis pelo tingimento executar a moagem do produto ou a dissolução em solução compatível para que sejam aplicados de maneira satisfatória.

Alguns produtos específicos para a coloração são comercializados em forma líquida ou pastosa, já prontos para o uso.

Ainda de acordo com a pesquisa de campo realizada por Menda, no ano de 2011, os pigmentos são normalmente comercializados a fim de atender às indústrias que produzem materiais à base de plástico, produtores de tintas, fábricas de cerâmicas e de produtos cosméticos.

Alguns outros ramos industriais utilizam com frequência pigmentos e corantes em suas produções, como é o caso do uso de pigmentos metálicos e de efeito perolado. No ramo dos cosméticos, os produtos que mais utilizam corantes e pigmentos são os de maquiagem, em especial os batons, em sua maioria com pigmentos metálicos.

Os pigmentos têm diversos tipos de compostos químicos como base principal de matéria-prima. Os que são produzidos tendo como matéria-prima principal o alumínio são indicados para uso na proteção de metais contra possíveis e futuras manchas de ferrugem e são compatíveis com o zinco.

Já os corantes são utilizados, em sua maioria, pelas empresas que produzem produtos têxteis. Mas podem ser utilizados também em curtumes, papelarias, alimentação, estética, entre outros.

Os corantes, como os pigmentos, também possuem diversas bases principais de matérias-primas. Os corantes que são fabricados com anilina normalmente são aplicados em substratos têxteis, artefatos de madeira e diversos produtos normalmente de origem tramada ou porosa. A anilina possui fácil absorção e dissolução por esses tipos de materiais, em virtude de suas combinações químicas ou covalentes.

Na gama de produtos que compõem os beneficiadores têxteis de coloração, é possível listar também os compostos químicos com base branqueadora, conhecidos como branqueadores ópticos. Esse tipo de composto químico não possui cor visível a olho nu e serve como absorvente de luz solar, refletindo essa energia como radiação fluorescente de cor levemente azulada. Quando aplicado, normalmente altera a percepção de coloração de alguns produtos, normalmente os de cor branca.

A base desses compostos químicos, conhecidos como pigmentos e corantes, pode ter origem orgânica ou inorgânica, sintética ou natural. Diferem em pontos estéticos como opacidade, resistência, dispersão e moagem.

Os pigmentos cuja matéria-prima principal é de origem inorgânica podem ser oriundos de elementos brutos de origem sintética ou natural. Os naturais possuem cobertura maior, são mais difíceis para ser dissolvidos, e sua coloração não fica tão viva e reluzente. Os sintéticos, por passarem por diversos processos industriais até que se possa atingir o efeito desejado, proporcionam cobertura e cor uniformes à peça, além de melhor fixação da cor. Normalmente são mais adotados em virtude da garantia de resultado satisfatório no momento da aplicação.

Normalmente, as matérias-primas utilizadas no processo de produção dos pigmentos inorgânicos são: ferro, cobre, cromo e chumbo, que são extremamente poluentes e prejudiciais ao homem, à fauna, à flora e ao meio ambiente de maneira geral.

O dióxido de titânio é o pigmento de cor branca mais utilizado. Entre os pigmentos coloridos pode-se citar o óxido de ferro como base de matéria-prima mais utilizada, proporcionando tons que vão do amarelo, passando pelo branco e chegando até o preto. O óxido proporciona resistência à luminosidade e normalmente é escolhido para ser aplicado em materiais plásticos, tintas in natura, fibras têxteis, entre outros.

Diferentemente dos pigmentos inorgânicos, existem os pigmentos orgânicos. Estes, normalmente, são de origem sintética e têm como principal composto químico os cromóforos, que são responsáveis pela coloração.

Os pigmentos orgânicos podem ser divididos em azos ou policíclicos. Os azos não possuem resistência ao intemperismo, não apresentando resistência quando aplicados em tintas que são utilizadas em pinturas de ambientes externos. Os policíclicos são o contrário, resistentes ao intemperismo e à luminosidade e resistentes a aplicações em tintas que serão utilizadas para a pintura de ambientes externos e produtos automobilísticos.

O emprego dos pigmentos orgânicos normalmente se dá em materiais como: tintas e vernizes, tintas para impressão gráfica, plásticos, polímeros e brinquedos, utilitários domésticos, eletroeletrônicos, acabamentos internos e peças automobilísticas. Com a utilização desse tipo de pigmento é possível obter uma gama de cores e maior resistência do produto que está sendo beneficiado.

Enquanto os pigmentos de origem inorgânica apresentam característica estéticas opacas, quando utilizados na cobertura da peça e no processo de tingimento, os de origem orgânica apresentam maior brilho e possibilitam transparência da peça. O que determina a escolha do pigmento, entre as muitas características dos dois, é o fator custo. Os inorgânicos, normalmente, costumam ser mais baratos que os orgânicos.

Os corantes cuja matéria-prima principal é orgânica têm como finalidade principal a coloração das fibras. Existem diversos tipos de corante, e cada um é feito para um tipo específico de fibra têxtil. As fibras de origem natural vegetal, por exemplo, recebem a aplicação de corantes reativos, diretos e sulfurosos.

A escolha do corante influenciará também no tipo de resultado esperado para o produto final, como iluminação e atrito.

Já os branqueadores ópticos, citados anteriormente, são utilizados para produzir a coloração branca reluzente das peças. Têm como matéria-prima principal os compostos orgânicos incolores, que quando entram em contato com o material que está recebendo esse tipo de beneficiamento absorvem maior luminosidade.

A sensação estética principal transmitida pelo branqueador óptico consiste em um visual menos amarelado, mais brilhante e branco.

O branqueador não pode ser considerado um tipo de corante branco, como os pigmentos ou corantes, e também não deve ser confundido com alvejante.

O uso do branqueador óptico não se dá somente em produtos têxteis. Esse composto químico também é encontrado em outros produtos, como: detergentes em pó e líquidos para roupas, sabões, papéis, tintas, couros, adesivos, laminados e vernizes.

O Brasil não possui mais muitas indústrias que produzem corante e pigmentos. O estado de São Paulo é o maior produtor de corantes e pigmentos, porém a tendência não tem sido de produção de produtos e sim de importação. A dificuldade encontrada no tratamento dos efluentes líquidos gerados pela produção desses corantes e pigmentos também é um fator desestimulante para essa indústria. A alternativa encontrada por muitas dessas grandes empresas é a instalação de fábricas em países que não apresentam tantas restrições e exigências.

Uma alternativa encontrada pela indústria têxtil é a importação desses corantes e pigmentos. A China é a principal exportadora dessa matéria-prima, mas a Índia vem atingindo números altos e se equiparando à China.

Os preços desses produtos têm aumentado muito, em virtude de a matéria-prima para sua produção estar supervalorizada. A maioria dos pigmentos e corantes é composta por petróleo e metais, base da maioria dos insumos.

5.3.4 Modelos de comercialização

Como já vimos anteriormente, as empresas de moda podem atuar nas seguintes formas de distribuição de produtos:

5.3.4.1 Atacado

As empresas que comercializam seus produtos no sistema de atacado são fabricantes ou marcas que distribuem seus produtos por intermédio de clientes espalhados por todo o país, e podem também possuir clientes internacionais. As operações das empresas de atacado precisam ser muito bem planejadas. O Brasil é um país continental, que pode ter temperaturas de 0 a 40 graus em um mesmo dia, dependendo da região, por isso é muito importante pensar em minicoleções direcionadas. Por exemplo, uma empresa de moda praia comercializará biquínis durante os 12 meses do ano no Norte e Nordeste, enquanto para o Sul e Sudeste será interessante estudar um mix de produtos alternativo. As vendas do atacado podem ser feitas nos seguintes sistemas:

» Pedido: se a empresa atua através de pedidos, o cliente irá até o show room da marca, onde verá um mostruário completo da coleção. O vendedor informará as variantes disponíveis daquele produto, a grade mínima, os preços e prazos de entrega, e a partir da condensação dos pedidos dos clientes a fábrica fará a programação de produção ou o departamento de compras emitirá os pedidos da coleção.

» Pronta entrega: nessa modalidade, o cliente efetua a compra como um cliente de varejo, mas em grandes quantidades. Ele irá ao show room e efetuará a compra dos produtos. Os maiores centros de venda de produtos de pronta entrega do Brasil estão em São Paulo, nos bairros do Brás e do Bom Retiro, que vendem todos os segmentos de produtos à pronta entrega. Além disso, existem empresas que trabalham com representantes que percorrem o país inteiro com um mostruário de produtos disponíveis para pronta entrega, emitem pedido e as peças são enviadas via transportadora.

5.3.4.2 Varejo

As vendas de varejo no geral são realizadas no sistema de pronta entrega, exceto quando as compras são feitas através de catálogos de vendas ou em ateliês que fazem o produto sob medida.

Os canais de distribuição dos varejistas podem ser os citados a seguir:

» Próprio: quando o PDV de varejo é uma filial da fábrica ou está sob comando da direção da rede de lojas. É o caso das lojas da Scala e Valisere, por exemplo. É um modelo muito comum atualmente que os grandes varejistas abram uma ou duas lojas em pontos comerciais estratégicos com o nome de *flagship store*, que são lojas-conceitos que vendem o lifestyle daquela marca em seu espaço físico. Exemplos são as lojas da marca de moda praia Água de Coco e da Valisere, localizadas na renomada Rua Oscar Freire, em São Paulo. Elas apresentam um mix de produtos diferenciado e linhas exclusivas.

» **Franquia:** a franquia atua no ramo varejista, mas é juridicamente independente da matriz da marca. O franqueado é um cliente de atacado da marca, porém trabalha muito próximo às fábricas e replica todas as ações das lojas próprias em seu PDV. Um exemplo de sucesso de franquias no segmento de lingerie são as lojas da Puket.

» **Multimarcas:** são lojas que compram os produtos das marcas através de pedidos ou no sistema pronta entrega e possuem marcas diversas no seu espaço. É um modelo de negócio muito comum nas cidades afastadas das grandes capitais, porém é possível encontrar redes com um mix de marcas de qualidade em grandes capitais, como é o caso da Loungerie, que vende lingeries nacionais e importadas, e da Sub Beachwear, que possui mais de 50 das melhores marcas de moda praia em seu portfólio.

» **Catálogo:** a venda por catálogo é uma maneira muito antiga de distribuição de produtos.

» **E-commerce:** a venda online é uma modalidade com pouco mais de 10 anos, mas que já movimenta muito o mercado de moda. Os brasileiros estão aprendendo a utilizar essa forma de compra e confiando mais nas lojas que estão na rede. Na Black Friday de 2013, uma sexta-feira dedicada a promoções, foi registrado um aumento de 271% nas vendas online. Na internet encontramos lojas dos fabricantes, como é o caso da gigante Dafiti, e-commerce de lojas multimarcas.

Existem ainda empresas que possuem operações mistas de atacado e varejo, como é o caso das grandes no segmento lingerie: Valisere, Trifil, Liz, Lupo, Hope, entre outras, e as marcas consolidadas de moda praia: Blue Man, Salinas, Vix, Água de Coco, entre outras.

O modelo de comercialização dos produtos interfere diretamente no cronograma e no planejamento da coleção. Por exemplo, uma empresa que vende atacado através de pedidos deverá estar com seu mostruário pronto cerca de seis meses antes de o produto chegar ao PDV. Para tanto, o desenvolvimento dos produtos deve iniciar-se 12 meses antes. Se a empresa trabalha com pronta entrega, os produtos estarão à venda para os varejistas imediatamente no momento em que serão comercializados, portanto o cronograma de desenvolvimento será mais curto, cerca de 8 meses antes da comercialização.

Vamos recapitular?

Neste capítulo foi possível observar as etapas de desenvolvimento da ficha técnica, bem como as etapas da produção que constam na ficha, os acessórios e aviamentos utilizados; desenvolvimento de produto, onde foi possível analisar as etapas que formam o nascimento de um produto, desde a ideia inicial até o produto final; beneficiamento têxtil, onde se pode observar alguns dos processos utilizados na indústria têxtil; modelos de comercialização de produtos, com a especificação de diferentes pontos de venda e propostas.

 **Agora é com você!**

1) Como se dá a produção de um item/produto presente no mercado têxtil?

2) A ficha técnica é composta por quais informações?

3) O beneficiamento têxtil pode se dar por meio de diferentes técnicas. Cite as principais técnicas.

4) Na sua opinião, como funciona o varejo de moda?

5) Quais são os modelos de comercialização que existem atualmente no mercado têxtil?

Bibliografia

ABNT – Associação Brasileira de Normas Técnicas. **NBR 15.127**. Corpo humano – definição de medidas. ABNT, 2004.

ABNT – Associação Brasileira de Normas Técnicas; SEBRAE – Serviço Brasileiro de Apoio às Micro e Pequenas Empresas. **Normalização**: caminho da qualidade na confecção. Rio de Janeiro: ABNT/SEBRAE, 2012.

_____. **Guia de implementação:** normas para confecção de lingerie. s/d. Disponível em: <http://goo.gl/0Rpd72>. Acesso em: 30 abr. 2015.

_____. **Guia de implementação:** normas para normalização para confecção. s/d. Disponível em: <http://goo.gl/r8BJ3B>. Acesso em: 30 abr. 2015.

ABNT CATÁLOGO. **Norma técnica ABNT NBR 12005:1992**. Disponível em: <http://www.abntcatalogo.com.br/norma.aspx?ID=3015>. Acesso em: 30 abr. 2015.

_____. **Norma técnica ABNT NBR NM 9712:2014**. Disponível em: <www.abntcatalogo.com.br/norma.aspx?ID=310527>. Acesso em: 30 abr. 2015.

ANDRADE FILHO, J. F.; SANTOS, L. F. **Introdução à tecnologia têxtil.** v. III. Rio de Janeiro: Senai/Centro de Tecnologia da Indústria Química e Têxtil, 1980.

ARAÚJO, M. **Tecnologia do vestuário.** Lisboa: Fundação Calouste Gulbenkian, 2000.

BRASIL. MDIC - Ministério do Desenvolvimento, Indústria e Comércio Exterior. INMETRO - Instituto Nacional de Metrologia, Normalização e Qualidade Industrial. **Portaria Inmetro nº 149, de 24 de março de 2011**. Disponível em: <http://goo.gl/hQyf9K>. Acesso em: 25 abr. 2015.

_____. **Portaria Inmetro nº 02, de 6 de maio de 2008**. Disponível em: <http://www.quepia.org.br/site/portaria/2010_1808/Conmetro022008.pdf>. Acesso em: 30 abr. 2015.

BRASIL. Ministério do Desenvolvimento, Indústria e Comércio Exterior. **ISO 3758**. Disponível em: <http://www.abit.org.br/conteudo/links/iso3758.pdf>. Acesso em: 30 abr. 2015.

INMETRO – Instituto Nacional de Metrologia, Normalização e Qualidade Industrial. Disponível em: <http://www.inmetro.gov.br>. Acesso em: 30 abr. 2015.

IPEM-SP – Instituto de Pesos e Medidas do Estado de São Paulo. Disponível em: <http://www.ipem.sp.gov.br>. Acesso em: 30 abr. 2015.

ISO – International Organization for Standardization. **ISO 7.250**. Basic human body measurements for technological design. Part 1: body measurement definitions and landmarks, 2008/2012.

SINDIVESTUÁRIO. **Dados econômicos – pesquisas**. Disponível em: <http://sindivestuario.org.br/category/dados-economicos/pesquisas/>. Acesso em: 1 abr. 2015.

TECELAGEM PANAMERICANA. Tecidos planos: métodos de classificação baseado em inspeção por pontuação de defeitos (NBR 13484). **Controle de qualidade**. Disponível em: <http://www.tecelagempanamericana.com.br/site/executiva/qualidade.pdf>. Acesso em: 30 abr. 2015.

YAMANE, L. **Estamparia têxtil.** São Paulo: Escola de Comunicação e Artes de São Paulo (ECA-USP), 2008.